당신의 - 빛 - 나는

초판 1쇄 발행 2024년 10월 10일

지은이 반지아
펴낸이 장현수
펴낸곳 메이킹북스
출판등록 제 2019-000010호

디자인 이정아
편집 이정아
교정 강인영
마케팅 김소형

주소 서울특별시 구로구 경인로 661. 핀포인트타워 912-914호
전화 02-2135-5086
팩스 02-2135-5087
이메일 making_books@naver.com
홈페이지 www.makingbooks.co.kr

ISBN 979-11-6791-597-9(03810)
값 16,800원

ⓒ 반지아 2024 Printed in Korea

잘못된 책은 구입하신 곳에서 바꾸어 드립니다.
이 책의 전부 또는 일부 내용을 재사용하려면 사전에 저작권자와 펴낸곳의 동의를 받아야 합니다.

*이 책은 충청북도, 충북문화재단의 후원을 받아 2024년 예술창작활동지원사업의 일환으로 제작되었습니다.

메이킹북스는 저자님의 소중한 투고 원고를 기다립니다.
출간에 대한 관심이 있으신 분은 making_books@naver.com로 보내 주세요.

| 프롤로그 |

세상을 향해 똑바로 서서 눈을 감고 귀를 닫은 채 산다는 건 그다지 어렵지 않았습니다.

아무렇지 않았고, 아무도 신경 쓰지 않았죠. 가끔 함께 둘러앉은 사람들 가운데 어떤 일을 저만 모르는 순간을 마주할 때면 그만큼 상대방의 목소리에 귀를 기울였고 그렇게 흐른 얼마간의 시간이 질책과 의문으로 가득했던 눈동자를 몽글몽글 녹여 주었습니다. 이처럼 자연스럽게 묻어가는 삶이 참 오래도 이어졌습니다.

글쓰기도 마찬가지였습니다. 나라는 사람에게 갇혀 끊임없이 속을 파고 헤집다 보면 어렴풋이 걸리는 어떤 것에 적당히 감정과 사색을 섞어 써내려 가는 행위, 어쩌면 그게 전부였을지도 모릅니다. 하지만 마음만 먹으면 누구나 읽을 수 있고, 알게 모르게 어떤 말들을 매달고 오는 글은 엄청난 무게감으로 저를 짓눌렀습니다. 어디까지 내보일 수 있는가. 어디까지 감당할 수 있는가. 애초에 존재하지도 않았을 답을 찾느라 흐트러진 마음을 추스르지 못한 채 주저앉아 있다 문득 고개를 들었습니다. 그렇게 항상 안으로만 향하던 시선이 밖을 바라보던 첫 순간, 이 책은 시작되었습니다.

앞으로 펼쳐질 책장들 속엔 여전히 저를 내보이는 글이 많지만, 딱 그만큼 그렇지 않은 글들이 섞여 있습니다. 아내이자 엄마로, 혹은 딸이면서 직장인이라는 타이틀을 내려놓고 그저 이 사회에 발을 담그고 몸을 던진 채 살아가는 한 인간으로서 이 사회에서 일어나고 있는 수많은 일들을 바라보며 오랜 시간 사색하고 써 내려간 글들입니다. 늘어가는 흰머리가 무색하게 아직 철이 들려면 한참을 더 살아가야 하기에 때로는 폭주하듯 분노하고, 가끔은 어깨까지 들썩거리며 울었던 마음이 다듬어지지 않은 채 쓰여 있을 수도 있지만, 그조차도 귀한 시간이었다고 생각하며 부끄러움을 무릅쓰고 담았습니다.

한 장 한 장 넘기는 마음에 공감이 들어찰지, 의문이 가득할지는 저는 알 수가 없을 것입니다. 그럼에도 제목을 이같이 지은 데에는 끝없이 더 큰 로봇 장난감을 원하는 아이의 순수하고도 끝이 없는 욕심처럼 저 또한 앞으로 펼쳐질 글들이 당신 마음 속 환한 빛으로 뿌려지길 바라는 소망이 항상 무럭무럭 자라고 있기 때문입니다. 얼굴 한 번 보지 못하고, 말 한 번 섞지 못했던 당신과 저는 철저히 타인이겠지만, 당신이 이 책을 쥐는 순간 어쩌면 우린 때때로 같은 모습을 하고 있었을지도 모른다는 기대를 나와 같이 당신도 할 수 있기를 소망합니다.

| 차례 |

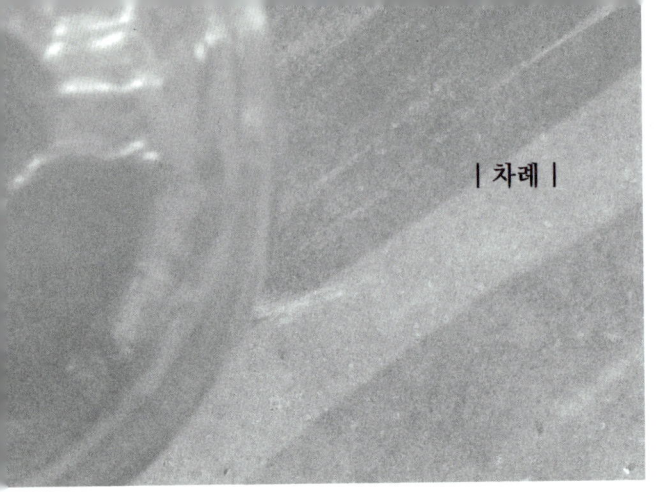

프롤로그　　　　　　　　　　　　　　04

1부 끝나지 않을 것 같았던 어둠
　 (코로나19를 지나며)

　어? 마스크가 다 어디 갔지?　　　　14
　너만 애 키우니?　　　　　　　　　　17
　무너진 하늘　　　　　　　　　　　　20
　설날맞이　　　　　　　　　　　　　23

2부 엄마라는 이름으로

　정인아 미안해　　　　　　　　　　　28
　정인이 얼굴 한 번 더　　　　　　　　30
　이끌어갈 사람　　　　　　　　　　　33
　엄마, 이게 천국이야　　　　　　　　36

그곳에 가면	39
제자리 뛰기	42
바람아 멈추어 다오	46
문을 열어야 할 때	49
기대를 잃은 어른들	52
결국은 공감	55

3부 할 수 있는 것을 하는 용기

지구를 지켜줘!	60
옷으로 만든 햄버거	63
무엇을 남겨야 하는가	66
지구를 망치는 영웅들	69
조금의 수고로움	72

4부 가끔은 삶을 돌아보며

인생의 쉼표	78
살아 있다는 것에 대하여	81
고인 물이 썩기 전에	84
헤어짐에 익숙해진다는 것	87
이별을 알고 맞이한들	90
서늘한 바람이 불어올 때면	97
회색 안경	100
당연하다 할지라도	103
누구나 일탈을 꿈꾸지	106

삶을 어떻게 살아가야 할까	109
휴대폰 올가미	112
괜찮다	115
무엇을 위해 사는가	118
구름을 닮은 사람	121
완전한 타인	124
비워야 할 때	127
비와 당신	130
인간중독	133

5부 당신을 향한 위로

당신의 빛나는 '라떼'	138
예의와 꼰대 사이	141
더 이상 듣기 싫은 이름	144
공간의 잔혹함	147
그때가 아니어야 하는 말들(2021년 수능이 끝난 후)	151
또 한 해를 보내며(2022년을 보내며)	154
삶은 끝나지 않는다(2023년 수능이 끝난 후)	157
남겨진 자들	160
기도	163
과유불급	166
하늘에도 땅에도 딛지 못하고	169
생명이 더 중요해요	172
하늘이 이리 아름다운데, 그녀는 어디로 갔나	175

당장 때려치워!	178
권선징악이라는 하얀 거짓말	181

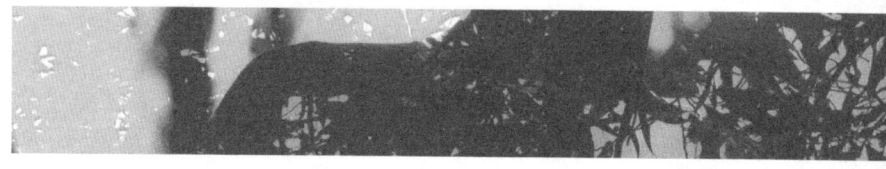

에필로그	186

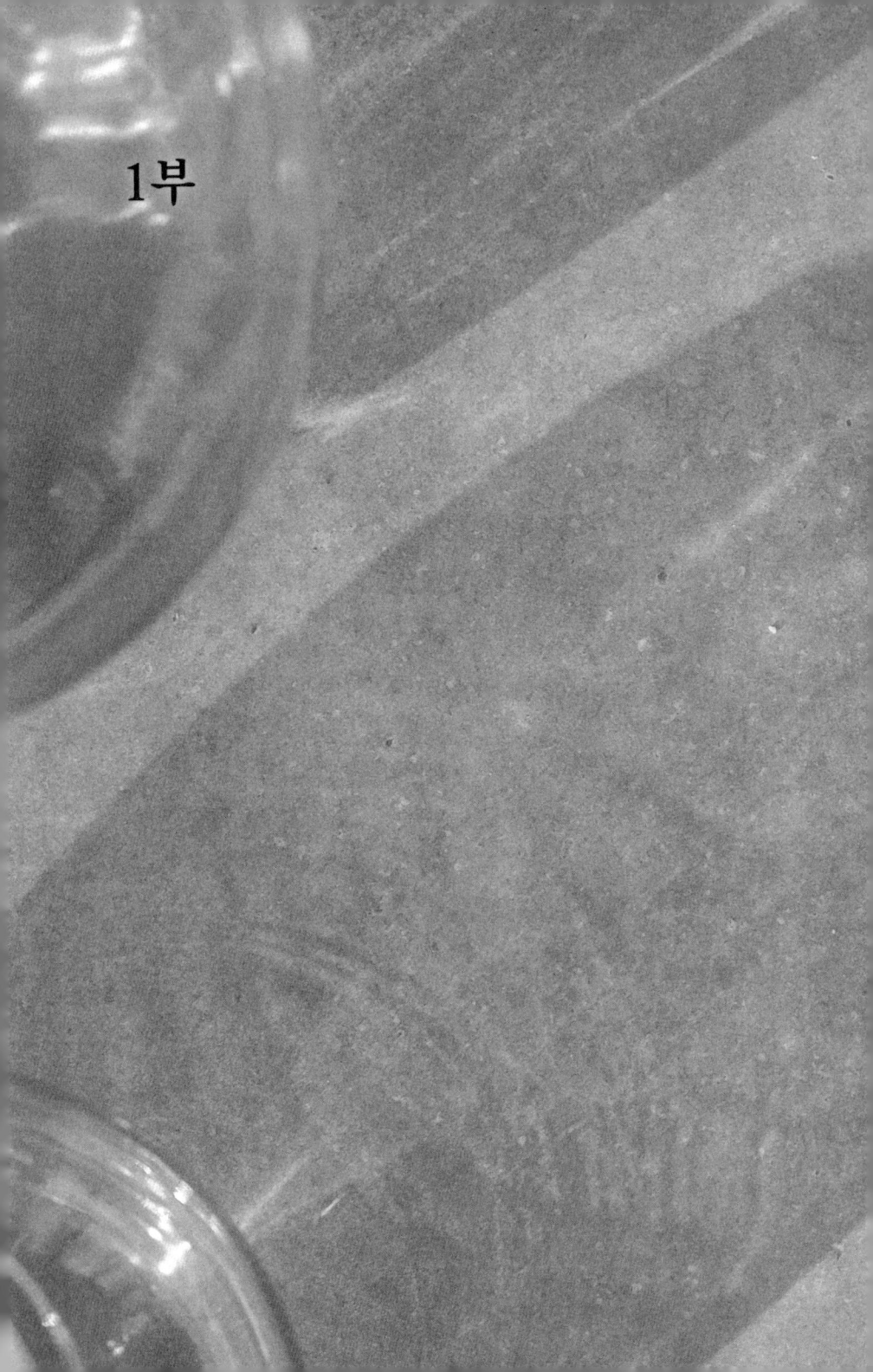

1부

끝나지 않을 것 같았던

어둠

(코로나19를 지나며)

어? 마스크가 다 어디 갔지?

　하루는 출근을 하려고 마스크를 꺼내는데 순간 뭔가 허전함을 느꼈다. 마스크 보관함은 늘 꽉 차 있는 줄 알았는데 어느새 빈 공간이 찬 공간을 넘어서려는 것이 아닌가. 뭐지? 하는 생각과 함께 깨달았다. 벌써 코로나가 우리 일상에 침투한 지 1년이 되었다는 것을. 한 유명 가수의 노래 제목처럼 벌써 1년이 훅 지나갔다.

　1년이라는 시간이 흘렀지만 여전히 코로나19는 우리에게 일상을 돌려줄 생각이 전혀 없이 더 심해져만 가고 우리는 어느새 마스크와 혼연일체가 된 듯 생활하고 있다. 아이들은 가장 기본적인 학습권도 박탈당한 채 학교에 다니는 것도, 안 다니는 것도 아닌 상태로 올 한 해를 흘려보냈고, 직장인들 역시 출근을 했다, 못했다 하며 힘겨운 시간을 보냈다.

　이뿐만이 아니다. 자영업자들은 사회적 거리 두기가 시행될 때마다 가슴이 쿵 내려앉았을 것이고, 일하는 부모들은 울며 겨자 먹기로 아이들을 긴급 돌봄에 보내고 출근하면서 많은 회의감을 느꼈을 것이다. 더 심각한 건 작년까지만 해도 밝게 웃으며 인사했던 이웃이었는데, 이제는 마스크를 안 쓰고 있으면 서로가 서로를 경계하며 슬며시 피하는 지경까지 되었다는 것이다. 우리는 정말 힘들었고, 지쳤다. 아니, 우리는 아직도 힘들고 지쳐 가고 있다. 마스크를 비롯해 갑자기 적응해야 하는 언택트(비대면) 일상도 낯설어서 가끔은 주체되지 않을 정도로 화가 나거나 한계치를 넘어선 무력감을 느끼기도 한다. 정말 어떻게 해야 할까. 이러다 코로나19가 스며든 일상에 주저앉게 되는 건 아닌지 불안하기까지 하다.

　분명 대부분의 우리는 코로나19가 빨리 종식되어 이전의 삶을 되찾고 싶을 것이다. 그런데 왜 수많은 사람의 노력에도 코로나는 그 기세가 더 강해져만 가는 것일까? 사회적 거리두기 상향을 계속해서 뜸들이고 있는 정부 탓을 해야 할까? 아니면 집단 감염이 계속 일어나고 있는 특정 종교 탓을 해야 할까? 사실 그 누구에게도 직접적인 원인은 없다. 코로나 바이러스는 우리의 상황이나, 가치관, 신념이 어떻게 다르든 아무 상관없이 자신이 살아남기 위해 무차별적으로 전염시키기 때문이다. 명확한 답이 없는 이 상황을 우리는 그저 오롯이 감안하고 견뎌내야 할 뿐이다. 당신과 나의 입장, 상황, 가치관 그리고 신념까지 모조리 다.

　하지만 이제는 다시 돌아봐야 할 때가 아닌가 싶다. "코로나 시대 이전으로 돌아갈 수 없다."라는 말이 나올 만큼 심각한 상황에서 과연 무엇이 중요한지. 이전과 같이 나의 신념을 지켜나가는 것이 옳은지 잠시라도 모두를 위해 양보하고 참아주는 것이 옳은지에 대하여. 집 문을 나서기 전에 냉장고를 한 번 더 열어보고, 올 한 해는 나들이 한 번쯤 포기하는 게 어떤지에 대하여. 태어난 지 두 돌도 되지 않는, 마스크 필수 착용 대상자도 아닌데 나가자고 하면 마스크부터 챙기는 아이들을 보며 나의 마스크는 턱스크인지 입스크인지 혹은 손에 걸려만 있지 않은지에 대하여.

   몇 주째 학교와 집만 왔다 갔다 하는 나와 남편, 어린이집과 유치원 그리고 집에서만 뱅뱅 도는 우리 아이들이 나 역시 짠하고 안쓰럽다. 다시는 돌이킬 수 없는 이 시간이 정말 허무하게 흐르고 있지만 그래도 이를 악물고 참는다. 이미 흘러간 시간은 되돌릴 수 없으나 나의 이 인내가, 나와 같은 마음으로 인내하는 모든 이들의 노력이 앞으로 다가올 시간은 변화시킬 수 있을 것이라고 믿으니까. 우리는 코로나19를 반드시 이겨낼 수 있다. 이겨내야만 한다.

너만 애 키우니?

　지역 맘 카페가 떠들썩하다. 코로나 이후로 가끔 일어나는 분쟁 아닌 분쟁인데 이유는 이러하다. 일하는 엄마, 즉 워킹맘이 한창 코로나가 심각할 때 전업주부인 엄마가 아이를 어린이집에 긴급 돌봄으로 보내는 모습을 보고 그 상황이 이해가 안 간다고 글을 썼는데, 그것이 시발점이 되었다. 글을 쓴 엄마는 자신의 글이 그렇게 큰 반향을 일으킬 줄 몰랐겠지만, 어마어마한 수의 댓글이 달렸고 한차례 큰 소동이 벌어졌다.

　코로나19가 기승을 부리는데도 아이를 긴급 돌봄에 보낼 수밖에 없었던 일하는 엄마들의 죄책감이 불러일으킨 전업 엄마들을 향한 분노였을까, 내가 내 아이를 키우는데, 긴급 돌봄을 보내든 말든 무슨 상관이냐는 전업 엄마들의 워킹맘들을 향한 너나 잘하라는 분노였을까. 댓글들을 읽어 가면서 참 마음이 씁쓸했다.

　사실 우리는 모두가 힘들다. 전업 엄마들은 정말 내 뜻대로 거의 따라주지 않는 아이를 온종일 상대하느라 진이 빠지고, 일하는 엄마들은 몸은 회사에 마음은 아이에게 두고 마치 유체 이탈이라도 한 듯이 하루하루를 정말 치열하게 보낸다. 누가 더 힘들다고 판단할 수 없다. 그냥 다 힘들다. 사실 내 아이를 키우는 것만으로도 모두가 지치는데 미세 먼지에 코로나19까지 더해져 엄마들의 어깨는 땅에 내려앉을 지경이다.

　서로가 서로를 보듬어도 힘든 현실이다. 엄마들을 향한 세상의 시선은 한없이 차갑기 때문이다. 전업 엄마가 힘들다고 하면 집에서 애 보는 게 뭐가 힘드냐는 타박이 돌아오고, 일하는 엄마가 힘들다고 하면 그렇게 징징댈 거면 때려치우라고, 몇 푼이나 번다고 애를 남의 손에 맡기고 꾸역꾸역 나가냐는 구박이 돌아온다. 게다가 아이들이 우리의 미래라는 말이 무색할 정도로 주위를 돌아보면 노키즈존이 수두룩하다. 아이들을 데리고 갈 곳조차 없다.

　도대체 아이들의 손을 꼭 잡고 있는 우리는 어디에 서 있어야 할까.

　시대가 변했다고는 하지만 아직도 아이는 엄마가 키워야 한다는 논리는 엄마들의 발목을 굳세게 잡고 있고, 육아 휴직 비율 역시 남자보다 여자가 훨씬 높다. 이러한 현실이 당장 이상적으로 변하기란 불가능하다는 것을 나 역시도 알고 있다. 그저 엄마들이 힘들다 하면 "너만 애 키우냐?"가 아니라 "한참 힘들 시기야, 그래도 다 지나간다."라고 말해 줄 수 있는 너그러움이 허용되길 소망한다.

　더불어 전업주부가 긴급 돌봄을 보내고, 일하는 엄마가 겨우 100일 된 아이를 어린이집에 맡기고 복직을 한다고 당사자인 우리가 나서서 서로를 욕하기보다는, 살아온 세월이 다르고 그 위에 세워온 가치관이 다르며 각각의 사정 또한 속속들이 알 수 없으니 그저 그렇구나 하고 넘어가 주는 분위기가 조성되었으면 한다. 자신의 아이를 사정없이 두들겨 패고, 손발이 오그라드는 추위에 바깥에서 배회하게 만드는 비정상적인 엄마가 아닌 이상 저런 불가피한 선택에 가장 마음 아픈 건 바로 그들 자신일 테니까. 마지막으로, 지금 이 순간도 우리의 미래인 아이들을 키우고 있을 모든 엄마들을 응원한다.

무너진 하늘

언젠가부터 아이가 다니는 유치원에서 연락이 오면 걱정이 앞선다. 열어 보지 않은 문자가 어떤 소식을 품고 있는지 알지 못하지만, 단지 연락이 왔다는 사실만으로 핸드폰 액정 위로 '코로나' 혹은 '확진자'라는 단어가 둥둥 떠 있는 느낌이 들기 때문이다.

연일 수십만 명이 확진되고, 하루가 멀다 하고 가족, 친구, 직장 동료, 지인들이 코로나에 걸렸다는 소식을 듣는 날들이 이어지고 있다. 이제는 정부 차원의 거리 두기와 방역 수칙을 개개인이 잘 지키면 언젠가는 코로나가 종식되고 일상으로 돌아갈 수 있을 거라고 믿었던 코로나19 발병 초기에 모두가 품었던 소망은 빛바랜 바람이 되어 가고 있는 듯하다. 이처럼 우리는 코로나라는 지독한 전염병으로 인해 체념과 절망 사이에서 여전히 어찌할 바를 모르고 있지만, 안타깝게도 우리를 힘들게 하는 건 이뿐만이 아니다.

평소와 다름없던 퇴근길, 차선 하나가 유난히 막혀 있는 모습이 눈에 들어왔다. 사고라도 났는가 싶어서 고개를 돌려보니 '알뜰주유소'가 눈에 띄었다.

늘 그 자리에 있던 알뜰주유소였고, 특별한 이벤트를 하는 것 같지도 않아 보였는데 이상하다고 생각한 순간 내 눈을 의심하게 되는 숫자를 보게 되었다. '휘발유-1,945원/ 경유-1,845원' 21세기에 정말 일어났나 싶은 전쟁이 발발한 이후 국제 정세에 큰 영향을 미쳐 물가가 상승할 거라는 말을 듣기는 했지만 이렇게나 빠르게 체감할 줄은 생각하지 못했기에 충격은 그 무게가 남달랐다. 게다가 평소 기름값이 저렴하기로 유명한 알뜰주유소의 기름값이 2,000원에 육박하면 도대체 다른 주유소는 얼마를 받고 있을지 생각하니 아찔한 기분마저 들었다.

가슴이 더 답답했던 건 급격한 물가 상승이 처음이 아니었기 때문이다. 한때는 먹는 파 값이 치솟아 '파테크'라는 명목으로 일부 사람들이 집에서 파를 키우는 현상이 벌어졌고, 한동안은 계란값이 치솟아 한 판에 만 원이 훌쩍 넘어가기도 했다. 이뿐만이 아니다. 최근까지는 딸기값이 폭등해서 금딸기라는 말이 심심치 않게 들려왔다. 사람이 살아가는 데 가장 기본인 '의, 식, 주' 중에 이미 '주'는 폭등과 폭락 사이에서 그 위치를 잡지 못한 지 오래기에 차치하고도 가장 본능적이라고 볼 수 있는 '식'조차 우리의 삶을 팍팍하게 만드니 이제는 정말 어떻게 살아야 할지 그저 암담하기만 하다.

이런 상황이 이어지자 더더욱 미래를 예측할 수 없게 되었고, 이에 사람들이 대응하는 모습도 극과 극으로 갈렸다. 이럴수록 미래를 더 철저하게 준비해야 한다고 외치며 '짠테크- 극도의 절약으로 돈을 모으는 현상'에 돌입한 사람들도 있고, 한 치 앞이 캄캄한 이번 생에 미래가 있기는 하냐며 그저 하루하루를 버티는 수밖에 없다고 말하는 사람들도 있다. 각자의 소신이고, 신념이기에 어느 한쪽만이 옳다고 할 수 없다. 그저 그 어느 쪽도 밝아 보이지 않아 서글플 뿐이다.

  옛말에 '하늘이 무너져도 솟아날 구멍은 있다.'라고 했다. 코로나, 전쟁, 물가 상승, 산불 등과 같은 여러 재앙으로 우리가 애써 받치며 살아온 하늘은 무너지고 또 무너졌다. 그러니 이제는 솟아날 구멍이 나타나기를 간절히 바라본다. 옛말 그른 거 없다는 말이 조속히 실현되어 빛바랜 희망에 먼지를 툭툭 털어낼 수 있기를 간절히 고대한다.

설날맞이

　새해가 밝았다. 누군가는 새로운 마음가짐으로 활기차게 시작한 만큼 하루하루를 가득가득 채워가고 있을 것이고 어떤 이에게는 그저 숫자 하나만 바뀌었을 뿐 고달픈 나날들이 이어지고 있을 것이다. 새해에 대한 온도 차가 이다지도 하늘과 땅처럼 다르건만 시간은 야속하게도 뚜벅뚜벅 자신만의 길을 걸어 어느새 1월도 절반이 지나가고 있다. 그리고 민족대명절인 설날이 연휴를 줄줄이 매달고 다가오고 있다.

　코로나19 감염 증세의 악화로 인해 몸은 멀리, 마음만 가까이해야 했던 지난 2년간의 명절들을 돌이켜본다. 제각각 삶이 바빠 자주자주 연락도 못하고, 여기저기 뿔뿔이 흩어져 살아 얼굴 한번 보기가 힘든 일상에서도 명절만큼은 다 같이 모여 음식을 나누고 웃음을 꽃피우던 우리에게 참 야속한 세월이 아니었나 싶다.

　하지만 이번 명절은 조금 다르지 않을까 하는 기대가 싹튼다. 여전히 코로나는 고집스럽게도 사라지지 않고 잊을 만하면 안 좋은 소식들을 가져오지만 그럼에도 우리는 방역을 생활의 일부분으로 받아들이며 천천히 일상으로 돌아오고자 부단히 노력했다. 그 결과 많은 일상이 회복되었고 한순간에 너무도 허망하게 잃어버린 우리의 명절 분위기 또한 제자리를 찾으려 한다.

 명절이 얼마 남지 않아서일까. 지난주에 지인으로부터 이런 질문을 받았다. "며느리는 명절이 다가오는데 어떠신가요?" 반사적으로 나는 이렇게 대답했다. "해외로 도피하고 싶습니다." 나의 말이 끝나자마자 폭소가 터졌다. 서로가 어떤 의도를 가지고 주고받은 대화가 아니었기에 가볍게 웃으며 넘겼지만 돌아서는 발걸음이 씁쓸했다. 실제로 인터넷상에서는 "그래도 코로나 덕분에 명절 증후군에서 잠시나마 벗어날 수 있었는데 이제 다시 명절 지옥으로 돌아왔다."라는 말이 벌써부터 심심치 않게 떠돌고 있기 때문이다.

 사실 이분만이 아니다. 어쩌면 우리 인생에, 사회에 해만 끼칠 것 같았던 코로나가 누군가에게는 예상치도 못했던 숨통 역할을 했을 수도 있다. 취업 준비생에게, 미혼 남녀들에게, 자녀 계획이 없는 사람들에게 늘 가볍게 던져졌던 "왜 취업 안 하니", "왜 결혼 안 하니", "너무 늦기 전에 아이 하나쯤은 있어야지"와 같은 말들이 잠시 쉬어갔을 테니 말이다. 그래서 그런지 드디어 명절에 가족을 볼 수 있다는 크나큰 기쁨 뒤에 누군가의 보이지 않는 한숨이 켜켜이 쌓여 연휴는 반갑지만 '설날'은 피하고 싶은 아이러니한 소망이 얼굴을 내민다.

 길다고 생각하면 길고 짧다고 생각하면 짧은 격리의 시간 동안 한자리에 모일 수 없었던 가족들이 모두 함께할 수 있는 이번 설날이 기쁨의 시간으로만 채워졌으면 한다. 무심코 던진 돌에 개구리가 맞아 죽는다는 말도 있듯이 그동안 보지 못한 시간을 핑계로 "너는 여태"라는 수식어를 붙여 또다시 누군가의 마음을 지옥으로 만드는 일은 없었으면 좋겠다. 그저 "얼굴이 좋아졌네.", "이렇게 다시 보니 너무 반갑다.", "잘 지냈지."라는 말이면 충분하다. 더불어 명절 음식도 온 가족이 같이 지지고 볶고 만들고 부칠 수 있는 분위기가 만들어진다면 이보다 좋을 수 없지 않을까.

40년 만에 돌아온 검은 토끼의 해, 계묘년에는 다가오는 설날뿐만 아니라 모든 날에 우리가 모두 토끼처럼 펄쩍 뛰어오를 수 있는 좋은 일들만 가득하게 해 달라고 하느님도 부처님도 아닌 달나라 토끼에게 속삭여 본다. 오늘따라 달빛이 참 밝아 보인다.

2부

엄마라는

이름으로

정인아 미안해

　하루는 둘째 아이가 어린이집에서 다쳐왔다. 입술을 다쳤는데 담임 선생님께서 많이 미안하셨는지 상황을 자세히 설명하시며 죄송하다는 말을 몇 번이나 하셨다. 선생님의 진심을 마음으로 전해 듣고 왔지만, 둘째의 얼굴을 볼 때마다 마음이 아렸다.

　가뜩이나 돌도 되기 전에 어린이집에 가야 했던 둘째는 20개월이 됐음에도 엄마, 아빠를 포함해 할 수 있는 말이 몇 개 없었다. 그래서 다쳤을 때 선생님 품에 안겨 울기만 했을 뿐, 이 어린 생명체가 무엇을 할 수 있었을까 하는 마음이 가시질 않아 더 울컥하기도 했다. 그래도 한없이 밝은 모습으로 잘 놀다가 잠이 든 아이를 보며 드는 여러 가지 생각에 복잡해진 마음에 얹히는 또 다른 얼굴 하나. 요새 많은 이들의 마음에 무겁게 내려앉은 정인이 얼굴이다.

　나는 두 아이를 키우는 엄마로서 정말 마음 깊게 분노한다. 그들은 과연 정말 정인이에게 조금이라도 부모였을까? 나는 아이들이 태어난 이후로 아이들이 조금이라도 다치거나, 몸이 이상한 것 같으면 마음부터 내려앉는다. 그런데 정인이가 그렇게 응급실에서 모든 것을 체념한 듯 세상의 끈을 놓아버리게끔 만들었으면서 지금까지도 온전한 반성을 하기는커녕 변명하기에 급급한 그들은 스스로를 부모라고 하기에도 부끄럽지 않은 걸까. 새삼 사람이 세상에서 제일 무섭다는 말이 온몸으로 느껴진다. 차라리 파양을 했으면 정인이가 그렇게 허망하게 죽지는 않았을 텐데 굳이 데리고 있으면서 그렇게까지 아이를 괴롭힌 이유는 도대체 무엇일까. 화를 넘어선 절망감이 차오른다.

정인이와 비슷한 개월 수의 우리 둘째는 나의 까꿍 한 번에도 까르르 웃음을 터뜨린다. 16개월은 그렇다. 별거 아닌 거에도 아름다운 웃음을 마음껏 보여주는 그런 개월 수. 그래야만 하는 개월 수에 웃음을 잃어버리고 엄청난 고통에도 엄마 품도 아닌 어린이집 선생님 품에 안겨 있을 수밖에 없었던 정인이. 그 작은 생명체를 한 번이라도 따뜻하게 안아주고 싶은 마음이 간절해진다.

누가 허락했을까. 정인이의 죽음을. 누가 허락했을까. 그들의 뻔뻔함을. 아무도 허락하지 않았다. 그래서 우리는 정인이의 죽음에 책임을 제대로 지게 하기 위하여 분노하고 또 분노하고 있다. 우리의 분노가 그리고 슬픔이 헛되지 않기 위해 제대로 된 판결이 나오기를 기대한다.

"정인아 미안해, 그곳에선 행복하렴."

정인이 얼굴 한 번 더

　백신 접종률이 높아지면 연말쯤에는 조금 잠잠해지리라 기대하던 우리의 바람과는 달리 코로나19의 기세가 꺾일 줄 모르는 나날이 이어지고 있다. 다시 시작된 거리 두기에 절박하게 잡고 있던 희망의 끈이 툭 끊어진 듯 어찌할 바를 모르겠는 마음에 보태기라도 하는 듯 요즘 한 아이의 얼굴이 무척이나 시리게 다가온다. 바로 정인이 얼굴이다.

　이제는 입양 전 또래 아가들과 다르지 않게 그 누구보다 활짝 웃고 있는 정인이 얼굴조차 슬프게 느껴진다. 정인이 살인을 적극적으로 희망했다고 볼 정당한 이유가 없다고 판단한 재판부가 양모의 형을 무기 징역에서 징역 35년으로 감형해 주었기 때문이다. 괜스레 정인이 사진을 한 번 더 들여다본다. 그렇게 한들 고통 속에 죽어간 그 아이가 다시 살아 돌아오는 것도 아니고 재판부의 판단을 되돌릴 수 있는 것도 아닌데 눈을 뗄 수가 없다. 비슷한 또래의 내 목숨보다 더 소중한 아들이 "엄마" 하고 부르는 소리에 괜스레 가슴이 내려앉는다.

　이 글을 쓰는 이유는 재판부를 비판하기 위해서도 아니고, 마음 같아서는 사건의 중심에 서 있는 그들을 영원히 무인도에 격리시키고픈 내 판단이 옳다고 주장하기 위해서도 아니다. 재판부라고 어찌 감형 결정이 칼로 무 자르듯 쉬웠을까. 이미 무기 징역이라는 강한 처벌에도 분노로 가득 찬 민심이 가라앉지 않았다는 것을 그 누구보다 체감하고 있었을 테지만 한쪽의 입장에 치우쳐 판단을 내려서는 안 되는 자리이기에 고심에 고심을 했을 것이라고 생각한다. 하다못해 교실에서 두 아이가 치고받고 싸웠다고 선생님이 한 아이의 말만 듣고 다른 한 아이를 가해 학생으로 단정 지어서는 안 되듯이 감형 결정을 내렸을 때는 그만한 이유가 있었겠지, 하고 이해하고 싶다. 하지만 머리의 이성이 내민 손을 가슴의 감성이 뻗은 손이 잡아주지 못해 두 손은 각자 허공을 헤매고 있다.

사적 모임 인원 제한으로 가족과 지인들과 모여 행복한 크리스마스를 보낼 수는 없지만 여전히 거리에는 캐럴이 흐른다. 작년에는 보기 어려웠던 눈도 올해 겨울에는 간간이 내려 하얗게 변한 세상을 처음 마주한 둘째 아들은 손이 시리지도 않은지 신기한 듯 눈을 만지고 또 만져 보았다. 뒤늦게 얼음장같이 차가워진 손을 내밀며 "추워 추워" 하는 아이를 안아주는데 문득 마음 한구석이 저려온다. 말로도 글로도 자신의 아픔과 고통, 외로움과 서러움을 표현할 수 없었던 어린 나이에 차가운 병실 침대에서 숨을 거두었을 정인이가 생각났기 때문이다. 눈이 펑펑 쏟아지던 어느 날, 아이의 무덤에도 소복하게 눈이 쌓였을까. 유난히 바람이 찬 이 겨울에 여전히 찬 바닥에 누워 있어 얼어버렸을 아이의 몸은 이제 아무도 안아

줄 수 없다.

  한 해를 마무리하며 다가오는 새해를 맞이할 때면 으레 모두가 가슴에 새기는 것이 하나 있다. 바로 새해 소망이다. 아마 많은 이들이 내년에는 부디 코로나19로부터 해방되어 마스크 없는 일상으로 돌아가고 싶다는 소망을 가지고 있을 것이다. 나 역시 만나고 싶은 사람을 자유롭게 만나고 그 사람의 얼굴을 제대로 마주하는 것이 사소한 기쁨이 아닌 엄청난 기쁨이라는 것을 코로나로 잃어버린 몇 년의 시간 동안 뼈저리게 느꼈으니 이제는 코로나 자체를 과거형으로 묻어두고 싶다.

  더불어 내년에는 어여쁜 아이들의 얼굴이 고통으로 일그러진 모습을 뉴스에서 보지 않았으면 하는 바람도 가져본다. 큰 사건이 일어나야 법이 개정되고, 제정되는 아픈 역사는 더 이상 되풀이되어서는 안 된다. 비록 그렇게라도 사회의 안전망이 더욱 견고해져 더 많은 생명을 지켜내기도 하지만, 그 밑바탕이 되어 버린 가여운 목숨은 누가 어떻게 껴안아줄 수 있을까. 하나 더 욕심을 내자면 이미 천사가 되어 버린 정인이가 하늘에서나마 웃을 수 있는 소식이 너무 늦지 않게 들려오길 희망한다.

이끌어갈 사람

 오랜만에 거리가 시끌벅적하다. 코로나로 한동안 한산했던 거리에는 특정 당(黨)을 상징하는 색의 옷을 한껏 뽐내는 사람들로 가득하고, 눈에 익숙한 사람과 익숙하지 않은 사람들의 얼굴이 하늘을 가려가며 여기저기 펼쳐져 있다.

 본격적인 선거 운동이 시작된 것이다.

 유행가가 특정 인물의 이름을 외치며 흐르는 길을 따라 아이와 함께 하원하던 어느 날, 아이의 입에서 뜻밖의 이야기가 나왔다. "엄마, 우리나라를 다스리는 사람을 뽑는 거야?" 아직 학교도 다니지 않는 아이가 선거에 관심을 가졌단 사실이 놀랍고 기특했지만 동시에 아이가 구사한 "다스린다."라는 표현에 마음이 불편해짐을 느꼈다. 아이는 누구에게서 선거에 관한 어떤 이야기를 들었기에 이번 선거로 특정 보직에 앉을 사람들이 이 나라를 이끌어가는 것이 아닌 다스린다고 생각하게 된 것일까.

 국어사전에서 '다스리다.'라는 말은 '국가나 사회, 단체, 집안의 일을 보살펴 관리하고 통제하다.'를, '이끌다.'라는 말은 '목적하는 곳으로 바로 가도록 같이 가면서 따라오게 하다.'를 의미한다고 나온다. 언뜻 보면 두 동사가 다 지도자라면 갖추어야 할 덕목처럼 생각되지만 한 번 더 읽어보면 사뭇 다른 의미임을 알 수 있다.

  우리가 민주주의를 기반에 두고 선거라는 투명한 방법으로 이 나라의 지도자를 선출하는 이유는 소수의 사람들에게 다수를 관리하고 통제할 권리를 주기 위함이 아니기 때문이다. 선거의 목적은 모든 국민을 만족하게 할 수는 없어도 대다수가 원하고 인정하는 방향으로 이 나라를 올바르게 나아가게 할 수 있는 지도자를 세우고자 하는 것이다.

  아이의 손을 꼭 잡고 천천히 이런 나의 생각을 전했다. "과거에는 똑같은 사람을 두고도 누구는 귀하다고 했고, 누구는 그렇지 않다고 했어. 그래서 누군가가 누군가를 다스린다고 말하는 것이 자연스러웠지. 하지만 시간이 흐르면서 사람들의 생각이 달라졌단다. 모든 사람은 그 자체로 귀하고, 평등하다는 것을 깨닫게 된 거지. 그래서 엄마는 곧 다가올 선거가 우리나라를 다스리는 사람이 아니라 이끌어 갈 사람을 뽑는 거라고 말하고 싶어." 아이의 눈높이에서 설명한다고 했지만 눈을 깜박이며 가만히 듣고만 있던 아이가 얼마나 이해했는지는 알 수가 없다.

  하지만 아이와 대화하며 한 가지 확실하게 변한 것이 있다면 바로 후보들을 바라보는 내 관점이다. 그동안은 국민의 관심을 끌기 위해 여러 후보들이 내놓은 공약에 주로 눈길이 갔다면 이제는 한 나라의 지도자 자리에서도 자신만이 귀한 존재가 아님을 늘 성찰할 수 있는 사람이 누구인가를 중점에 두고 후보자들을 바라봐야겠다는 생각이 든 것이다.

그럼에도 이런 마음이 간절히 담긴 나의 표는 선거가 끝나기도 전에 한낱 종잇조각이 될지도 모른다. 내가 원하고 원했던, 그리고 앞으로도 원할 지도자는 아침에 눈을 뜨면 매번 깨끗이 지워지는 꿈나라에만 존재할지도 모르니까.

하루하루가 지날수록 자신이 지지하는 후보자의 이름을 외치는 선거인단의 목소리는 더욱 간절해지고 있다. 그와 발맞춰 살아온 날들보다 살아갈 날이 더 많을 아이들을 보는 내 눈에도 꿈나라 지도자가 이제는 현실로 나와 주길 바라는 절박함이 가득 찬다. 그리고 나와 같은 사람이 우리의 예상보다 훨씬 많을지도 모른다는 생각도 해 본다. 이제는 우리가 잡은 끈의 맞은편에서 다수의 지지를 받은 누군가가 같은 높이로 잡아주기만 하면 된다. 이 기적이 언젠가 일어날 예정이라면 정말 머지않았기를 희망한다.

엄마, 이게 천국이야

 잊을 만하면 들려오는 비보가 있다. 누군가는 스스로 생명을 저버렸다 하고, 누군가는 또 다른 누군가의 악의에 허망하게 가 버렸다 하고, 누군가는 독한 질병에 결국 눈을 감았다고 한다. 매년 출생률은 끝을 모르고 나락을 향해 전력 질주하는데, 매년 사망률은 누구나 때가 되면 껴안아야 할 죽음에 그렇지 못한 죽음까지 보태 고공행진을 멈출 줄 모른다. 더 안타까운 건 슬픈 소식이 여기서 끝나지 않는다는 것이다.

 우리는 맑은 하늘을 잃어버렸고, 마음 편히 숨 쉴 자유를 박탈당했으며, 이제는 인간의 생존 욕구 중에 가장 첫 번째라 할 수 있는 맘 놓고 먹을 권리마저 빼앗길 상황에 놓였다. 너무 많은 일이 상상조차 못했던 엄청나게 짧은 기간에 휘몰아치다 보니 이제 겨우 일상으로 돌아오는 이 시기에도 또 어떤 재앙이 코앞에 기다리고 있는 건 아닌지 문득문득 덜컥 겁이 난다. 이 두려움은 나를 온 우주로 생각하고 있는 아이들을 바라볼 때면 걷잡을 수 없이 커진다. 비단 나만의 감정이 아닐 것이다. 우리는 알게 모르게 계속 공포감을 느끼며, 이 공포감을 굳이 전해주고 싶지 않다고 생각하게 되고, 그렇게 결혼도 출산도 의무가 아닌 선택으로, 이제는 선택도 아닌 거추장스러운 하나의 옵션으로 변해 가고 있다.

　내가 둘째 아이를 출산한 건 코로나가 발발하기 불과 5개월 전이었다. 아이는 두 다리로 사람답게 서기도 전에 마스크를 써야 했다. 게다가 그 작디작은 콧구멍으로 코로나 키트가 수시로 왔다 갔다 하며 아이의 눈에서 눈물을 짜냈다. 그 모든 광경을 지켜보며 엄마인 나는 그저 내 가슴만 쳤다. 개똥밭에 굴러도 이승이 낫다는 속담이 그렇게 오랜 시간 이어져 왔지만, 지금의 이승은 속담 속의 이승과 같은가, 과연 아이는 태어나서 살아가며 진짜 행복할까, 굳이 태어나서 고생을 사서 하는 건 아닐까, 출산을 후회하는 건 아니었지만, 아이가 미세먼지로 코로나로 그 밖에 수많은 사회가 빚어낸 악으로 인해 괴로워할 때마다 죄책감은 저런 쓸데없는 의문을 만들어 냈다.

　그래서 나는 출산은 늘 신중히 해야 한다고 말한다. 첫째를 고민하든, 둘째를 고민하든, 부모라는 자리에서 우리가 우리의 힘으로 아이가 사회에 나가기 전까지 지켜줄 수 있다는 기본적인 사회적 믿음이 보장된다면 지금과는 달리 아마 출산과 육아로 인한 고통만큼이나 기쁨 역시 엄청나다며 입에 침이 마르도록 설파했을 것이다. 하지만 그 믿음은 이미 자취를 감춘 지 오래다. 이제는 그 누구도 한 치 앞을 예상할 수 없고, 예상할 수 없기에 늘 속수무책 당하기만 할 뿐이며, 가장 큰 희생자는 아직 미처 다 자라지 못한 우리의 아이들이다. 이런 상황에서 그 누가 경솔하게 출산을 권유할 수 있을까.

그런데 이런 나의 마음에 경종을 울리는 일이 있었다. 하루는 아이가 아파 일찍 퇴근했다. 집에 도착하자마자 아이에게 뭐 하나라도 더 먹이고자 애착 이불을 깔아주고 원하는 음식을 입에 넣어주었다. 그러자 아이가 너무도 예쁜 얼굴로 이런 말을 나에게 건넸다.

"엄마, 이게 천국이 아닐까? 이불이 있고, 엄마도 있고, 먹을 것도 있고. 이게 천국이야."

지극히 평범한, 아니 조금은 안쓰러운 이 상황에서 천국을 말하는 아이 옆에서 끊임없이 세상을 비관했던 내 모습이 어쩐지 부끄러웠다. 그러나 동시에 희미하게 희망이 느껴지는 순간이었다. 지금의 아이들이 아이들일 때 천국을 많이 느낄 수 있는 세상이 되길 기도한다. 어쩌면 그것이 우리가 찾고 있는 진짜 키일지도 모르니.

그곳에 가면

그곳에 가면 마음이 늘 안 좋다. 다닥다닥 붙어 있는 작은 공간들 안에 그보다 더 작은 존재들이 맴맴 돌고 있는 그곳. 바로 동물원이다.

미세 먼지가 한창 심했던 몇 년 전, 아이와 실내 동물원을 많이 다녔다. 늘 동물들을 가둬 놓는 곳만 다니다가 하루는 동물들이 자유롭게 돌아다닌다는 동물원이 있다 하여 찾아간 적이 있다. 홈페이지에 나와 있는 대로 그곳의 동물들은 진짜로 우리에 갇혀 있지 않았다. 그런데 시간이 지날수록 동물들의 모습이 조금씩 이상하게 느껴졌다. 누가 지나가든 말든, 자신들의 몸을 만지든 말든 아무 반응이 없었던 것이다. 안내 표지판에는 동물들이 갑자기 공격할 수 있으니 아이를 동반한 부모님들의 각별한 주의를 바란다고 적혀 있었지만 공격은커녕 살아 있는 게 맞는 건지 의문이 들 정도로 그들은 가만히 있었다. 유일하게 움직이는 건 눈동자였다. 껌벅껌벅. 무엇을 보고 있었는지 모르겠지만 지독하리만큼 한곳만 쳐다보며 그렇게 눈꺼풀을 의미 없게 내렸다 올렸다 하고 있는 모습에 괜스레 가슴이 서늘했다.

그 후로 얼마간의 시간이 흘렀고 그날의 기분을 서서히 잊어가던 어느 날 우연히 어떤 글을 읽고 엄청난 충격을 받았다. 동물원을 향한 비판적인 시선이 담긴 글이었다. 글쓴이는 동물원에 있는 모든 동물이 그렇다고 할 수는 없지만 아마 대부분의 동물이 제정신이 아닐 것이라고 말했다. 즉 정신병을 앓고 있을 것이란 말이었다. 혹여나 그 어떤 자극에도 아무런 반응이 없거나, 우리 안에서 이해할 수 없는 반복 행동을 하고 있는 동물을 보았다면 인간의 이기심이 다른 생명체를 어디까지 사지로 몰 수 있는지 다시 생각해 봐야 한다며 경고했다. 그 순간 내가 무심히 보고 지나쳤던 석고상같이 굳어 있던 동물들이 생생하게 떠올랐다. 그날 느꼈던 서늘함이 다시 살아나는 듯한 기분이 들었다.

하지만 아이들을 키우는 입장에서 동물원은 그림책이나 영상으로만 봤던 동물들을 직접 보여줄 수 있는 최적의 장소이다. 발길을 끊을 수 없어 갈 때마다 남모를 씁쓸함을 쌓아가던 어느 날 놀이동산 안에 있는 동물원에서 아이가 이런 말을 꺼냈다. "엄마, 저 안에 있는 동물들 너무 불쌍해." 예상치도 못한 말에 정곡을 찔려 당황했지만 곧 아이가 왜 그런 말을 했는지 짐작이 갔다. 아이와 며칠 전 작가 앤서니 브라운의 그림책 '동물원'을 읽었던 것이 떠올랐기 때문이다. 그림책의 마지막 장에는 가족들과 같이 동물원에 다녀온 주인공 아이가 그날 밤 자신이 보았던 동물의 모습과 똑같은 모습으로 우리에 갇혀 있는 모습이 그려져 있다. 아직은 어린아이에게 굳이 나와 같은 죄책감을 심어 주고 싶지 않아 특별한 언급을 하지 않고 지나갔지만, 이미 아이는 동물들의 슬픔을 느끼고 있었다. 엄마인 나에게 어떤 해답을 바라는 듯한 아이에게 자연으로 돌아가 본연의 모습으로 살아가는 것이 가장 좋겠지만 이미 멸종 위기에 놓인 동물들은 그 개체를 보존하기 위해 인간의 손길이 필요하다고 말해 주었다. 그러나 이어지는 아이의 물음에 나는 더 이상 아무 말도 할 수 없었다.

"엄마, 사자도 호랑이도 미어캣도 호저까지 여기 있는 동물이 다 멸종 위기야?"

이제라도 죽을 때까지 인간의 유희를 위해 고통받다 끝내는 폐사로 생을 마감하는 동물들의 모습을 보며 무언가 느껴야 한다. 다른 생명체와 공존하기 위해 노력하는 모습이 아닌, 지금의 우리가 느끼는 죄책감만이 아이들이 성장했을 때 그대로 전해지는 건 누구도 원하지 않을 테니 말이다.

제자리 뛰기

한 아이가 울고 있다. 알 수 없는 말을 내뱉으며 온몸으로 울어대고 있다. 아직 말할 수 없는 영유아일까 싶지만, 이미 쭉 뻗은 다리와 어여쁜 얼굴을 가진 열 살 내외쯤으로 보이는 어엿한 초등학생이다. 울어도 울어도 주위 사람들이 자신의 마음을 몰라주자 이제 발까지 구르기 시작한다. 같은 자리에서 처절한 뜀뛰기가 시작된다. 말을 할 수 있었으면 덜했을까. 가만히 있어도 땀이 흐르는 더운 날씨에 아이의 몸부림은 멀찍이 서 있는 내게도 숨 막힘을 선사한다. 조금 더 바라보고 싶지만 내가 미처 상념에서 깨어나기도 전에 누군가는 나에게 시선의 목적을 물을 것이 분명하기에 슬쩍 자리를 피한다. 알아들을 수 없는 아이의 절규는 계속 이어진다.

아이는 선택적 함구증이 의심된다고 했다. 여느 평범한 아이처럼 충분히 말할 수 있는 신체적 조건을 가지고 태어났지만 스스로 말하기를 거부한, 혹은 포기한 이유는 무엇일까. 부모가, 선생님이, 더 나아가 이 나라가 아이에게 조금 더 적극적인 개입을 해 왔다면 달라졌을까. 여러 가지 생각이 드는 찰나이다.

더 이상 아이는 내 시야에 있지 않지만, 나도 모르게 아이의 새끼손가락에 낚싯줄을 매달아 내 머릿속에 던져놓은 듯 애써 눌리둔 기억이 이제는 더 이상 외면하지 말라며 아우성친다. 그래서 기록해 본다.

며칠 전 첫째 아이가 나의 차 열쇠를 가지고 놀다가 잃어버렸다. 하필 월요일 아침이었다. 평소보다 일찍 일어나 여유 있게 준비했기에 두 아이 다 내가 등원시킬 테니 먼저 출근하라고 남편에게 선심까지 쓴 참이었다. 룰루랄라 했던 기분은 순식간에 지옥으로 변했다. 엄마가 점점 분노하고 있다는 걸 깨달은 아이는 공포와 당혹감에 차 열쇠를 어디에다 놨는지 기억하지 못했다. 그 순간 화를 가라앉히고 차분하게 물었다면 아이가 충분히 찾아주었을 테지만 나는 야속하게 흐르는 시간에 점점 초조해졌고 결국 온몸으로 발악하고 말았다. 제자리에서 쿵쿵 뛰며 도대체 왜 엄마 물건에 함부로 손을 대는 거냐며, 동생이 아빠 차 열쇠를 숨겨놨다가 혼났던 게 기억이 안 나냐고, 차 열쇠 찾을 때까지 놀이터고 물놀이고 꿈도 꾸지 말라며 온갖 말을 내뱉기 시작했다. 차라리 말을 안 하기로 한 그 아이처럼, 표정은 험악해도 입은 닫고 있을 것을.

금방 지나쳐온 아이의 제자리 뛰기는 절박했지만, 나의 제자리 뛰기는 추악하기 그지없었다.

그날 저녁, 퇴근 후 아이를 데리러 가기 전에 집 안을 샅샅이 뒤져 보았지만 끝내 차 열쇠는 찾지 못했다. 결국 이미 아침에 지불한 10

만 원이 무색하게, 앞으로도 이런 상황이 또 발생할 수 있으니 또 10만 원을 들여 예비키를 만들어야 하나. 고민하고 있던 찰나 어제 아이가 가지고 놀던 물건 하나가 떠올랐다. 요동치는 심장을 애써 숨기며 아이의 공간으로 향했다. 열쇠는 바로 그곳에 있었다. 온몸에 힘이 빠졌다. 이렇게 간단한 문제를 그렇게까지 공포스럽게 만든 건 다름 아닌 나였다. 나의 밑바닥은 늘 그렇게 추했다. 그럼에도 그 밑바닥을 열심히 닦아내야 하는 나는 엄마였다. 시간이 조금 흐르고, 아이에게 엄마가 너무 크게 화를 내서 미안하다고 사과했다. 아이는 괜찮다고 했다. 아이가 언제까지 이런 엄마를 견뎌줄 수 있을까. 반드시 지킬 것이라고 장담할 수는 없지만, 아이에게 약속도 했다. 앞으로는 엄마가 그런 상황에서도 화내지 않고 차분하게 문제를 해결할 수 있도록 노력해 보겠다고. 아이는 미소로 답했다. 언제나 느끼지만 내가 먼저 태어났으니 엄마 노릇을 하고 있을 뿐 아이가 더 큰 스승이다.

여기까지 쓰고 잠시 숨을 골라본다. 그 어떤 것에도 미혹되지 않는 불혹에 이르기까지 이제 손가락 다섯 개도 남지 않았음에도 내 삶은 앞에서 구구절절이 풀어낸 것처럼 여전히 불안과 충동으로 가득 차 있다. 불안은 걱정을 불러일으키고, 충동은 분노를 조절하지 못해 크나큰 죄책감과 후회를 가져온다.

하지만 폭풍이 지나간 자리에 이런 지저분한 잔재만 남는 것은 아니다. 나는 사과하고, 반성하고, 기록한다. 쓰는 행위를 통해 이처럼 마음 한편에 너절하게 방치되었던 기억이 악취를 풍기기 전에 꺼내어 잘 말리고, 더 나아가 그 기억을 디디고 나아갈 수 있도록 끊임없이 연단하는 것이다.

 더 이상 아이의 울음소리는 들리지 않는다. 무엇을 위해 온몸으로 처절하게 울어야 했는지는 아무도 모를 테지만, 그래도 하염없이 흐르던 그 눈물길에 가슴속 켜켜이 쌓였을 어떤 응어리가 조금이나마 흘러갔기를 바란다. 그리고 여전히 나를 잡아끄는 죄책감이 그 뒤를 따라 조금씩 조금씩 떠내려갈 수 있기를 희망한다.

바람아 멈추어 다오

유행은 어디서 와서 어디로 가는 걸까. 언젠가 마트에서, 한때는 구할 수가 없어 많은 사람의 애간장을 녹였던 꿀과 버터의 조합이 잘 어우러졌다는 감자 과자가 그런 시절이 있기는 했냐는 듯이 지금은 마트에 묶음 상품으로 가득가득 진열되어 있는 것이 눈에 띄었다. 그렇게도 맛보고 싶어 안달 났던 이들은 다 어디로 갔을까. 진열장이 텅 비어 있는 다른 상품과는 달리 끈으로 묶여 할인까지 하고 있는데도 소비자들의 손을 타지 못하는 모습에 괜스레 마음이 씁쓸했다.

요새 한 캐릭터 빵이 사람들의 초미의 관심사다. 기존에 없던 색다른 제품이 아닌데도 사람들은 이 빵을 사기 위해 마트, 편의점 오픈 런(매장이 열리기 전에 대기하다가 문이 열리자마자 제품을 향해 달려가는 현상)을 불사하고, 이마저도 실패하면 중고마켓에서 시가의 몇 배의 금액을 주며 구입하기도 한다. 그런데 더 이상한 것은 이렇게까지 하는 이유가 빵을 먹어 보기 위해서가 아니라 그 안에 들어 있는 '씰'을 구하기 위해서라는 것이다. 어린이들은 어린이들대로, 어른들은 그 옛날 어린 시절 추억을 이유로 '씰 모으기'에 열광하는 바람에 품귀 현상까지 벌어지고 있다.

유행의 소용돌이에서 한 발짝 떨어져 있는 나로서는 결국 시간이 지나면 아무 일도 없었다는 듯이 또 흔하디흔한 캐릭터 빵이 될 것인데, 왜 그렇게 지금 당장 손에 쥐지 못해서 초조해하는지 이해할 수 없다. 물론 시대가 만들어 낸 유행의 중심에서 그것을 충분히 즐기는 것이 나쁜 것은 아니다. 하지만 모든 것은 과하면 문제가 된다. 현재 화제의 캐릭터 빵에서 나온 '씰' 중에는 중고 거래가가 10만 원이 넘는 것도 있고, 실제 거래도 되고 있다고 한다.

그런데 이런 논쟁을 시작하면 꼭 따라붙는 말이 있다. 바로 '개취 존중' 즉, 개인의 취향을 존중하라는 말이다. 내가 내 취향대로 무언가를 하는 것에 있어서 동조하지 않는다면 감 놔라 배 놔라 하지 말라고 사전에 방어막을 치듯 나오는 말이다. 하지만 진정한 개인의 취향이란 뭘까? 나와 너의 입맛이 다르고, 취미가 다르고, 관심사가 다르며 심지어 이상형이 다른 것과 같이 일부가 다수에게, 혹은 다수가 일부에게, 좁게는 내가 너에게 피해를 주지 않는 이런 개인적인 취향이라면 당연히 존중을 해줘야 한다고 나도 생각한다. 하지만 유행이라는 이유로 소위 '그들만의 리그'가 그 외의 사람들에게 보이지는 않지만 깊숙이 파고드는 부정적인 영향을 준다면 어떨까? 예를 들어 가진 자는 모르는 못 가진 자가 느끼는 박탈감, 구해준 자는 알 수 없는 못 구해준 자의 죄책감 같은 것들 말이다. 이런 것들을 모두 무시한 채 유행의 선두 주자들을 따라 이 사회가 지금과 같이 졸졸 따라가는 게 맞는 걸까.

오늘도 놀이터 한구석에 옹기종기 모여 있는 아이들 가운데에는 내 주관적인 관점에서 사납고 무섭게 생긴 캐릭터들이 그려진 '씰'들이 위풍당당하게 자리 잡고 있다. 그것들의 주인인 듯한 아이의 "우리 엄마가 사줬어"로 시작한 썰이 놀이터를 흐르는 동안 어떤 아이는 자기도 구해 달라며 울고 있고 그 옆에 구해 주지 못한 혹은 구할 생각이 없는 엄마는 곤란한 표정을 감추지 못한다. 그 옆을 지나가며 생각한다. 무심코 던진 돌에 개구리가 맞아 죽는다고, 저 엄마는 이 기이한 유행에 자신의 아이가 실망하는 모습을 더 이상 보고 싶지 않아 내일부터 캐릭터 빵 온라인 구매 창을 광클(광속클릭)하며 다시는 돌아오지 않을 시간을 흘려보내게 될까. 그러다 문득 이게 뭐 하는 짓인가, 하는 생각에 드는 회의감과 분노는 누가 책임져 줄까. 어서 이 바람이 흘러가거나 아니면 그 바람이 그들의 테두리에서 솔솔 새어 나와 누군가에게 더 이상 큰 태풍으로 불어닥치지 않기를 바라 본다.

문을 열어야 할 때

　첫째 아이를 낳고 한동안 산후우울증으로 힘들어할 때, 친정 엄마 연세 정도의 산후 도우미님이 해주신 말씀이 있다. "요즘 엄마들은 참 힘들겠어. 집 문 꼭 닫고서 애랑 둘이 있으니 당연히 우울하지. 말할 사람이 있길 하나, 할 게 있기를 하나, 애 수발만 들고 있으니 사람이 멀쩡할 수가 있겠어? 나 애 키울 때만 해도 옆집 윗집 아랫집이랑 다 같이 애를 키웠는데 말이야. 우리는 급한 일 생기면 냅다 전화해서 애 봐 줄 수 있냐고 물어보고 된다 하면 얼른 애 맡기고 일 처리하고 그랬어."

　자신의 자녀 나이 정도 되는 내가 넋을 놓고 있는 모습에 안타깝기도 하고, 날이 갈수록 흉흉해지는 현실이 한탄스럽기도 한 마음에 건넸던 말씀이겠지만 그 당시 내 마음에는 하나도 와닿지 않았다. 요즘 세상이 어떤 세상인데, 눈 뜨고 있어도 코 베어 가는 세상에 옆집에 아이를 맡긴다는 생각 자체가 어불성설이라는 생각이 들 뿐이었다.

　이렇듯 마음이 지옥 같았던 날들이 엊그제 같은데 이제는 애써 기억으로 소환해야 할 만큼 시간이 흘러 아이는 유치원에서의 마지막 해를 보내고 있다. 어느 날부터 아이는 단짝 친구가 생겼다며 그 친구에 대해 틈만 나면 재잘재잘 이야기를 하기 시작했다. 슬슬 그 친구에 대해 궁금해지려 하던 차에 우연히 하원길에 있는 놀이터에서 딸이 늘 이야기했던 단짝친구와 그 엄마를 만나게 되었다. 첫 만남의 낯섦도 잠시 아줌마들 특유의 사교성으로 어느새 동네 언니 동생 할 정도로 가까워졌다. 아이들이 노는 사이 이런저런 얘기를 하다 보니 언니는 직장 때문에 이 지역으로 왔고, 그래서 이렇다 할 연고가 없다는 것을 알게 되었다. 도움받을 사람이 있어도 벅찬 것이 육아인데 부부가 오롯이 아이들을 책임진다는 말에 과거의 나를 마주한 듯 마음의 빗장이 스르르 녹아내리는 느낌이었다.

또래의 아이들을 키우며 느끼는 고충과 감정을 허심탄회하게 나누며 관계를 이어가던 어느 날 퇴근 후 아이를 하원시키러 가는 길에 언니의 전화를 받았다. 다급한 목소리로 퇴근이 늦어져 제시간에 아이를 데리러 갈 수 없게 되었는데 자신의 아이들도 같이 하원시켜서 도착할 때까지만 데리고 있어 줄 수 있냐고 부탁을 해 왔다. 걱정하지 말라고 말한 뒤 아이들을 데리고 집에 들어간 지 얼마 되지 않아 언니가 도착했다. 너무 고마워하는 언니에게 앞으로도 이런 일이 있으면 거리끼지 말고 전화하라고 말하자 얼굴에 감동의 빛이 스쳤다. 그 빛을 보고 있으니 6년 전 산후 도우미님의 모습이 불현듯 떠올랐다. 아마 투박했던 말이 다 끝난 후에도 내 눈에 머물던 눈동자가 "서로가 조금만 경계를 허물고 상대 아이를 포용해 줄 수 있다면 육아의 늪에 빠져 정체성까지 잃어가고 있는 누군가의 손을 잡아 줄 수 있고, 맞벌이를 할 수밖에 없는 부모가 불가피하게 마주할 수밖에 없는 어떤 급박한 상황을 조금 더 수월하게 넘길 수 있지 않겠냐"는 말을 전하고 싶었던 건 아닐까 하는 깨달음과 함께.

 쉬운 일은 절대 아니다. 신뢰를 바탕으로 한 정이 넘치던 그때 그 시절과는 달리 지금은 생판 모르는 사람보다 알고 지낸 사람에게 배신당하는 사례가 셀 수 없이 많기에 누군가가 정말 순수한 마음으로 내민 손도 의심부터 드는 게 자연스러워졌기 때문이다. 하지만 우리가 불신을 쌓아가는 동안 누군가는 물리적으로 혹은 정신적으로 고립된 채 도움을 청해야 한다는 생각조차 하지 못하고 사라져 가고 있다. 비단 육아에만 그치는 이야기가 아니다. 잊을 만하면 나오는 청년 고독사, 노인 고독사도 사정이 별반 다르지 않다.

 서로가 서로를 외면한 시간이 오래인 만큼 답답할 정도로 더디게 가더라도, 이제는 하나하나 문을 열어야 한다. 매일매일 엘리베이터에서 보면서도 모른 척하고, 어린아이가 인사를 해도 그 아이를 모른다는 이유로 못 들은 척하는 모습이 진정 우리가 원하는 모습일까. 하다못해 내가 예의상, 습관적으로 건넨 인사가 어떤 인연의 시작이 될 수도 있고 누군가에겐 삶의 희망을 찾는 출발점이 될 수도 있다.

기대를 잃은 어른들

　크리스마스가 한 달 하고도 아직 며칠 더 남은 시점, 벌써 보고만 있어도 캐럴이 들리는 듯한 소품들이 여러 가게에 당당히 한자리를 차지하고 있다. 언제부터였을까. 크리스마스의 붉고 파릇파릇한 색들이 설렘이 아닌 지난 시간에 대한 아쉬움과 앞으로 맞이해야 할 날들에 대한 막연한 두려움으로 느껴진 것이. 이런 나의 뜨뜻미지근한 감성 덕에 아이가 태어나고도 한 번도 우리 집에는 트리가 있던 적이 없었다.

　하지만 올해는 달랐다. 아이는 무럭무럭 자라 친구들 집에는 휘황찬란하게 꾸민 트리가 있다는 것을 알게 되었고 왜 우리 집에는 트리가 한 번도 없었냐는 질문과 함께 올해는 꼭 자신도 트리를 갖고 싶다는 소망에 이르기까지 한 편의 웅변과 같은 연설을 내 앞에서 펼쳤기 때문이다. 그래서 마음먹고 한 가게에 트리를 사러 들어섰다. 이미 발 빠른 사람들이 사 갔는지 크리스마스 용품 판매대에는 듬성듬성 빈자리가 많이 보였고 그 자리를 채우려는 듯 나와 같은 목적을 가진 엄마들로 보이는 여자들이 심각한 얼굴로 여럿 서 있었다.

나의 목표는 하나였다. 트리를 사는 것. 눈에 가장 먼저 띈 트리를 집어 들고 계산대로 향하는 길, 우리 아이들과 비슷한 또래의 아이가 엄마 손을 잡고 서 있는 모습이 보였다. 그리고 자연스레 들리는 아이의 목소리에서는 내가 오래도록 잊고 살았던 크리스마스에 대한 설렘이 한껏 묻어 있었다. 아이에게는 크리스마스가 흔히 알려진 예수님의 탄생 날이 아니었다.

자신이 갖고 싶은 선물을 산타 할아버지에게 받을 수 있는 날일뿐이었다. 귀에 잘 들어오지도 않는 어려운 이름의 장난감을 술술 읊으며 엄마를 바라보고 있는 아이는 상상만으로도 구름을 걷고 있는 듯이 보였다.

나이를 한 살 한 살 먹어가며 우리는 수많은 '기대'를 잃어간다. 엄마가 안아주고 업어줄 거라는 아주 원초적인 기대부터, 어린이날이나 생일, 혹은 크리스마스에 원하는 선물을 받을 거라는 과도기적 기대, 그리고 가장 가엾게는 내가 어떤 사회적인 성과를 내지 않아도 내 가족이, 나의 부모가 나를 있는 그대로 사랑해 줄 거라는 삶의 뿌리 같은 근본적인 기대까지. 남에게 기대할 수 없기에 스스로라도 기념일마다 나 자신을 챙겨보지만 어째 충분하지 않다. 또한 미진한 내 행보에도 내 곁을 지켜주는 사람들이 고맙지만 스스로 한없이 초라해지는 마음까지는 사라지지 않는다.

머릿속을 휘젓는 많은 생각들 속에 가라앉고 있는데, 그 속을 비집고 아이 엄마의 목소리가 들린다. "너 저번에도 장난감 사주면 많이 갖고 놀겠다고 하더니 지금 어디 있는지는 아니?" 아이의 답변도 들린다. "이번에는 진짜~ 엄청 많이 하늘만큼 가지고 놀 거야~" 나는 안다. 장난감이 아이의 손에서 일주일이면 나가떨어질 것을. 그런데도 자신의 기대를 지키려는 아이의 간절하고도 거침없는 약속이 한없이 부러웠다. 누군가 이번 크리스마스에는 갖고 싶은 선물을 사줄 테니 말하라고 해도 그 사람의 지갑 사정을 먼저 걱정할 나는 순수하게 기대할 수 있는 능력을 잃어버린 어른이기에.

　아이와는 사뭇 다른 표정을 하고 있던 아이의 엄마는 아마 크리스마스 전날 아이가 그토록 갖고 싶다고 노래를 불렀던 바로 그 장난감을 정성스레 포장해 아이의 머리맡에, 혹은 집에 있는 트리 밑에 살금살금 가져다 놓을 것이다. 이처럼 어느덧 사랑하는 존재의 기대를 채워 주고만 있는 가여운 어른들을 위해 산타 할아버지가 그 옆에 키다리 아저씨 한 명씩 붙여주면 좋겠다. 기대할 수 없다면 기대라도 있도록.

결국은 공감

 유난히 추웠던 겨울과 함께 찾아왔던 기나긴 겨울방학이 끝나고, 달력이 또 한 장 넘어갔다. 2023년이 시작되고 벌써 세 번째 달(月)이 시작됐다는 사실에 놀란 것도 잠시 3월이 건네주는 부담감에 마음이 한층 더 무거워진다.

 우리 민족의 마음속, 영원히 무겁게 남겨질 3·1운동의 그날이 지나고 맞이한 3월 2일. 여전히 무거운 내 눈꺼풀을 때리는 눈부신 햇살에 눈을 떴다. 양옆에서 세상모르고 자는 아이들, 어수선한 집안 풍경, 얼른 일어나라고 재촉하는 남편의 목소리까지 무엇 하나 달라진 게 없는 일상이었지만 먼저 반응한 심장이 조심스럽게 콩닥콩닥 뛰기 시작했다. 그리고 뛰는 심장 덕에 실감했다. 오늘이 새로운 출발이 이루어지는 날이라는 걸.

 그토록 염원했던 두 살 터울을 이루지 못해 올해 첫째 아이는 초등학교에 둘째 아이는 유치원에 동시에 입학하는 기쁘고도 슬픈 현실을 드디어 마주하고 말았다. 아이들이 새로이 다니게 될 두 기관의 입학식 날짜가 동일하다는 사실을 알게 된 이후 단 하루도 마음이 편하지 않았다. 쉽게 생각하면 한 명은 아빠가, 한 명은 엄마가 가면 되는데 뭐가 문제냐고 할 수 있겠지만 우리가 그랬듯 '엄마'라는 존재는 이제 겨우 세상 밖으로 한 걸음 나서려고 하는 아이들에게는 한없이 크다.

둘 다 엄마를 원하는 순간에 결국 몇 살이나마 더 많은 첫째 아이에게 양해를 구하고 나의 마음에 위로를 더하고 둘째 아이 입학식에 가려고 마음을 굳힌 순간. 또 다른 변수가 생겼다. 내가 새로운 근무지로 발령이 나면서 아이들의 입학식에 가기 더 어려운 상황이 된 것이다. 마음에 가시라도 돋은 듯 어디에서 무엇을 하든 불편한 마음을 추스를 수 없었다. 이해를 바라는 마음을 예의가 꾸짖어 한숨을 쌓아가는 날들이 이어졌다. 하지만 얼마 지나지 않아 공감이 모든 것을 덮는 기적이 일어났다.

주저주저하며 어렵게 사정을 설명한 내 모습이 무안해질 정도로 너무 흔쾌하게 상사는 "그런 일로 너무 심려하지 마. 우리도 다 그렇게 애를 키웠는걸."이라고 말씀해 주셨다. 긴장으로 가득했던 마음에 감사와 안심이 버무려져 나의 새 출발이 조금은 편안해진 느낌이었다.

인간으로 태어났기에 사람 사이에서 살아가야 함을 운명처럼, 때때로 숙명처럼 지고 가는 우리가 결국 기댈 곳은 누군가가 슬쩍 보여준 '공감'뿐이지 않은가 하는 생각을 해 본다. 내가 정직하게 이루어 낸 성과에 진심으로 쳐주는 손뼉도 고맙지만, 가끔은 먼저 그 길을 가 본 사람이 나도 가 보았기에 네가 얼마나 힘들었을지 알 수 있다는 말이 더 크게 느껴지듯이 누군가 어려워하는 입장에 서 있을 때 괜찮다는 말보다 나도 그랬기에 너의 마음을 안다는 말이 더 울림을 준다.

출발을 알리는 총소리가 경쾌하게 울렸다.

유치원을 시작으로 교육이 이루어지는 모든 기관에 첫발을 디디는 학생들로부터 이직, 전직, 발령, 입사를 통해 새로운 출발을 해야 하는 직장인들, 그리고 그 외에 모든 자신만의 도전을 시작한 이들을 모두 포함해 좋은 성과, 복지 등등 물리적인 혜택에 앞서 온몸으로 느껴지는 공감이 먼저 쏟아지길 소망한다. 처음 앉을 내 자리와 새롭게 마주할 얼굴들을 향한 마음이 너를 향해 나를 향해 천천히 열릴 공감의 힘으로 다가오는 봄의 날씨만큼 따뜻하게 데워지길 바라본다.

3부

할 수 있는 것을 하는

용기

지구를 지켜줘!

　우리 아이들의 하루는 책으로 마무리된다. 잊을 만하면 새 책을 찾는 아이들을 위해 얼마 전 큰맘 먹고 과학전집을 들였다. 아직 미취학 아동에게 벌써 과학이라는 교과목을 접하게 한다는 것이 시기상조가 아닌가 생각했지만, 몇 권 읽어 주다 보니 그런 걱정은 어느새 흔적도 없이 사라졌다. 점점 더 기세등등해져 가는 듯한 코로나19나 백신에 대하여 아이들 수준에서 어렵지 않게 다루고 있고, 환경 오염에 대해 아이들이 실천할 수 있는 것을 자연스럽게 알려주었기 때문이다. 며칠 전 아이가 가져온 책의 제목은 《지구를 지켜줘!》였다. 책의 내용은 예상대로 무분별한 소비로 인한 과도한 쓰레기가 발생시킨 환경 오염에 대한 것이었다. 책이 한 페이지 한 페이지 넘어갈 때마다 아이의 표정이 심각해지더니, 이내 아주 굳은 결심을 했다는 듯이 누가 시키지도 않았는데 갑자기 선언을 했다. "엄마! 나는 이제부터 그림 그릴 때 앞면도 그리고 뒷면도 그릴 거야!"

　그 모습이 귀엽기도 하고 기특하기도 해서 머리를 쓰다듬어 주었다. 그리고 다음 날, 하원하는 아이의 얼굴에 한없이 뿌듯한 표정이 번지더니 종이 한 장을 내민다. "엄마! 내가 앞면도 그리고 뒷면도 그렸어. 이제 지구가 안 아프겠지?" 아이의 순수함과 착한 마음에 당장에라도 시름시름 앓던 지구가 벌떡 일어날 것만 같은 기분이 들었다.

모두가 한 번쯤은 더 이상 쓰레기를 매립할 땅이 없고, 물질주의적인 현실이 결국엔 미세 먼지와 코로나19 같은 화를 자초했다는 말을 들어봤을 것이다. 그로 인해 우리는 현재 마스크 지옥에서 자유롭게 숨 쉴 권리조차 박탈당한 채 살고 있다.

하지만 우리는 알고 있다. 마스크는 임시방편일 뿐 근본적인 변화가 필요하고, 그 변화의 선두에 '환경 보호'가 자리 잡고 있는 현실을. 하지만 또 한편 생각해 보면 환경을 지키기 위해 지금껏 누리던 것을 포기해야 하는 것이 너무나도 어렵고 불편하다는 것도 사실이다.

나 역시도 아이의 모습을 보며 솔선수범을 보여야겠다고 생각해서 시작한 것들(페트병을 버릴 땐 비닐 벗기기, 일회용 젓가락, 빨대, 숟가락, 접시 등등 최대한 안 쓰기, 깨끗한 비닐 선별해서 따로 모아 버리기, 우유갑은 헹군 후 말려서 버리기, 아이들 약병은 깨끗이 씻어서 소독해서 쓰기 등등)이 가끔은 족쇄같이 느껴지기 때문이다.

하지만 이제는 진짜 변화가 필요한 때이다. 계속되는 환경 파괴에 코로나19와 미세 먼지보다 더 끔찍한 어떤 것이 나타나 나의 가족이, 나의 자녀가, 내가 사는 세상을 더더욱 암흑으로 만들 수도 있다는 사실을 서글프지만 인정해야 할 때가 온 것이다.

지금 당장 출근길, 퇴근길, 혹은 여유 시간에 커피를 테이크아웃하고자 나서기 전에 내 손에 텀블러가 들려 있나 확인해 보자. 또 페트병 버리기 전에 비닐을 뜯어 분리 배출을 해보자. (요새는 비닐을 손쉽게 뜯으라고 뜯는 곳이 병 표면에 표시가 되어 있다.) 이런 실천들이 당장에 큰 변화를 불러오지 않아 아무것도 아닌 것처럼 느껴져도 그 한번이 우리의 지구를 지키는 크나큰 첫걸음이 될 것이라고 나는 믿는다. 그리고 그 걸음걸음들이 쌓여 마스크에 가려진 우리 아이들의 예쁜 코와 입을 집 밖에서도 마음껏 볼 수 있는 날이 다시 돌아오기를 소망한다.

옷으로 만든 햄버거

오늘도 내 손가락은 결제 버튼 앞에서 어쩔 줄을 모르고 동동거린다. '역시즌 세일! 우리 아이를 패션피플로 만들어 보세요!'라고 핸드폰 화면에 당당하게 뜬 팝업 광고에 홀랑 넘어가 버린 것이다. 처서가 다가오니 선선해진 바람이 계절의 변화를 느끼게 하지만, 아직도 한낮에는 여름의 태양이 기세를 펼치고 있는 이 시즌에 겨울 점퍼를 살까 말까 고민하는 모양이라니, 우습기가 짝이 없다. 하지만 나처럼 월급쟁이에게 '파격 세일', '오늘 단 하루 특가!'와 같은 상품의 낮은 가격을 앞세운 판매 전략은 정말 뿌리치기 어려운 유혹 중의 유혹이다.

더구나 그 소비의 대상이 아이들이면 합리적인 소비를 해야 한다는 이성적인 생각은 지구 밖 우주에 던져진 지 오래. 알록달록하고 화려한 색과 무늬에 홀려 미친 듯이 장바구니에 담는 내 모습을 자주 마주하게 된다. 아이의 옷장에는 더 이상 옷이 들어가지 않을 만큼 꽉꽉 채워져 있는데 "이건 예쁘니까, 이건 싸니까, 이걸 입으면 왠지 우리 아이도 광고 속 인형같이 생긴 아이처럼 될 것 같아서" 등등의 이유로 나의 막무가내 소비를 합리화하기에 바쁘다.

하지만 어느 날, 사진 한 장이 나를 멈추게 만들었다. 바로 김은하 작가의 '햄버거 콜라주' 작품을 담은 사진이었다. 사람 키를 훌쩍 뛰어넘고도 모자라 부피도 어마어마한 이 햄버거는 언뜻 보면 진짜 햄버거를 보는 듯한 착각이 든다. 하지만 자세히 보면 햄버거의 안팎을 채우고 있는 것은 옷이다. 작가는 이 작품을 "패스트푸드들이 작가에게 남기는 것, 안 맞아서 못 입게 되는 옷들"이라고 설명했다. 작가가 무분별한 패스트푸드 소비에 경고등을 켜고 싶었는지, 아니면 나날이 쌓여가는 의류 폐기물에 경각심을 일으키고 싶었는지는 모른다.

하지만 중요한 건, 그녀의 작품으로 인해 내가 달라졌다는 것이다. 물론 아직도 거리에서 눈에 띄게 예쁜 옷을 입고 있는 또래 아이들을 보면 사주고 싶다는 마음이 불쑥 튀어나오지만, 당장의 쾌락을 위해 우리 아이의 미래를 망치지 말자는 생각으로 마음을 다스리려고 노력한다.

다른 관점에서 보면 광활한 우주 속 먼지 같은 존재감을 가진 내가 생각의 변화를 겪었다고 어떤 의미가 있을까 하는 회의감이 들기도 한다. 매번 갈대같이 흔들리는 내게 지인분이 이런 말씀을 해주셨다. "이와 같은 실천이 의미가 없다면 과연 무엇이 의미가 있을까요. 저는 이런 행동을 할 때는 지극히 이기적으로 생각해요. 다른 누구도 아닌 나를 위해서 한다고 생각해요. 어떤 식으로도 하는 게 낫다고 생각합니다."

저 말을 들은 후 나도 한없이 이기적인 사람이 되기로 했다. 정말 큰 대의를 가지고 세상에 소리칠 만큼 용기도 없고, 그렇다고 모든 사람을 품을 만큼 이타적인 사람도 아니니 그저 나 자신을 위해, 조금 더 나아가 내 아이들이 살아갈 세상이 지금보다는 더 나빠지지 않기를 바라는 마음으로 실천하기로 한 것이다.

어느 날 아침, 첫째 아이가 시무룩한 얼굴로 이런 말을 했다. "엄마 입을 옷이 없어, 늘 똑같은 드레스고 늘 똑같은 원피스야." 아이의 슬픈 표정을 마주하니 또다시 이성의 끈이 안드로메다로 가려고 하는데, 갑자기 명치에 무엇이 탁 걸린 듯 불편해졌다. 마치 옷으로 만든 거대한 햄버거가 소화되지 못하고 걸려버린 듯이. "다온아, 자꾸 옷을 버리면 지구가 아프대, 나중에 다온이가 키가 쑥쑥 커서 옷들이 작아지면 그때 사 주면 안 될까?"

이해가 아닌 체념의 빛이 아이의 얼굴에 떠오른다. 아이의 생각이 커질수록 체념이 이해와 깨달음이 되길 바라본다. 나는 오늘도 이기적인 사람이 되기 위해 노력한다.

무엇을 남겨야 하는가

　아침부터 안쪽 방에서 들려오는 아이의 울음소리가 심상치 않다. 무작정 떼를 쓰는 울음이 아닌 바삐 움직이던 손을 멈추게 하는 소리이다. 1분이 아쉬운 순간이지만 재빠르게 아이가 있는 곳으로 가보았다. 그리고 마주한 눈물로 범벅된 아이의 얼굴. 당황스러웠다. 조심스럽게 아이에게 무슨 일이냐고 물었다. 아이는 잠시 감정을 가라앉히는 듯하더니 코로나가 없고, 더러운 비가 내리지 않는 세상에서 살고 싶다고 말하며 다시 눈물을 흘리기 시작했다.

　아이들의 오후 간식과 이불 가방, 학원 가방, 내 텀블러 등등 아침을 채우는 물건들로 가득했던 머릿속이 갑자기 하얘지면서 마음이 덜컹 내려앉는 느낌이 들었다. 아이에게 왜 갑자기 그런 생각이 들었냐고 물었더니 돌아온 답변은 내가 직전에 느꼈던 감정이 무색할 만큼 순수했다. 자신이 오늘 겨울 왕국의 엘사 콘셉트로 옷을 입었는데 마스크와 우산을 쓰면 스타일이 망가지기 때문에 속상하다는 것이다. 헛웃음이 났다. 대답이 나의 예상을 비껴가서 다행이라고 해야 할지 판단이 안 서는 상황이었지만 일단 아이도 나도 지각을 하면 안 되었기에 거실로 돌아와 준비를 마저 하고, 아이의 마음을 겨우 달래 등원시켰다. 그러고 난 후, 출근을 위해 혼자 주차장으로 터덜터덜 걸어오는데 수많은 생각이 머리를 스쳐갔다.

씁쓸하게도 머리와 마음을 가장 많이 뒤덮은 건 죄책감이었다. 내가 모든 세대를 대표하는 사람도 아니고, 상황이 이 정도까지 악화되도록 원인 제공을 한 유일한 사람도 아니지만 나도 나의 편리함과 만족, 그리고 가끔은 허영심을 채우기 위해 무수한 잘못된 선택으로 일조했을 것이 분명했기 때문이다. 아이가 행복한 삶을 살아가기를 그 누구보다 소원하면서도 뒤에서는 잠깐의 쾌락을 위해 필요 이상의 물건들을 사들이며 도대체 우리는 앞으로 걸어가야 할 길이 창창한 아이들에게 무엇을 남겨주고 있는 것일까. 태어나자마자 '코로나 키즈'라는 서글픈 수식어를 달고서 마스크로 어여쁜 얼굴을 가려야만 했던, 그리고 현재도 가리고 있는 아이들을 보며 아직까지도 우리가 깨닫지 못하는 건 무엇일까.

엄청난 과학 기술의 발전으로 우리의 삶은 과거에는 상상하지 못할 정도로 편리해지고 다채로워졌다. 그 결과 변화에 민감한 아이들은 옛날처럼 굳이 장거리를 물리적으로 이동하지 않고도 다양한 나라의 사람들과 소통하고 있으며, 현실에만 안주하는 것이 아닌 메타버스를 이용한 가상세계에서 자신들의 상상력을 맘껏 펼치고 있는 등 보고만 있어도 뿌듯하게 자신들의 미래를 차곡차곡 쌓아가고 있다. 이 공든 탑들을 지켜주기 위해 이제는 점점 짙어지고 있는 기술 발전의 어두운 그림자를 우리가 들춰내야 할 때이다. 교육 기관에서 환경 교육, 탄소 중립 교육을 하고 행정 기관에서 잘 씻어 말린 우유팩이나 폐건전지를 쓰레기봉투로 바꿔주고, 일부 단체와 개인이 쓰레기를 줍는 등의 활동도 아주 바람직한 모습이다. 하지만 이러한 노력에도 지구의 온도가 예상보다 빠른 속도로 급격히 상승하고 있어 향후 몇십 년 내에 지금과는 비교도 안 될 만큼 어마어마한 재앙이 닥칠지도 모른다는 전망이 계속 이어지고 있어 가슴은 여전히 답답하다.

다시 원점으로 돌아와 아이에게 무엇을 남겨줘야 진정 아이의 삶을 행복으로 이끌 수 있을까 생각해 본다. 평생직장이라는 개념이 사라진 지 오래인 만큼 자립할 수 있도록 재력을 남겨줘도 좋을 것이고, 적성을 찾을 수 있도록 많은 경험을 남겨주는 것도 괜찮을 것이다. 하지만 무엇보다도 우리 삶을 한결같이 받쳐주고 있는 '지구'를 향한 사랑을 아이 마음에 먼저 심어줘야 하지 않을까. 그 마음이야말로 지구와 인간이 현명하게 공존할 수 있는 첫걸음이 될 테니.

지구를 망치는 영웅들

내가 어렸을 때, 그러니까 약 30년 전 지구를 지키느라 동분서주하던 이들이 있었다. 이름도 멋있었던 '독수리 5형제'. 주로 공주 만화를 좋아했던 내 마음까지 훔쳐 간 그들은 그 당시 어린이들에게는 우상과도 같았다.

그런데 요새 나의 마음을 다시 설레게 하는 영웅이 나타났다. 그건 바로 '미니 특공대'. 나는 요새 그 누구보다 열심히 미니 특공대 시리즈를 한 편씩 시청하고 있다. 등장인물의 이름까지 다 외울 정도다. 마흔을 바라보고 있는 나이에 이게 무슨 일일까. 바로 이제 갓 세 돌을 넘은 둘째 아들 때문이다. 어디서 들었는지 갑자기 미니 특공대 보여 달라고 노래를 부르기 시작한 아들 덕에 함께 보다 보니 어느새 내가 아들만큼이나 텔레비전 화면에서 눈을 못 떼는 지경에 이른 것이다. 그런데 하루는 끝 무렵 나오는 엔딩곡을 듣다가 뒤통수에 강펀치를 맞은 듯 머리가 멍해졌다.

지구를 지키기 위해 싸운다는 저 가사가 새삼스럽게 마음에 묵직하게 내려앉으며 질문 하나가 수면 위로 떠올랐다. 과연 내가 환호하던, 그리고 많은 어린이가 동경하던 우리의 영웅들은 진짜 지구를 지켰을까? 아니면 되레 지구를 망치고 있었을까? 주위를 둘러보니 수많은 캐릭터가 눈에 들어왔다. 아이들 취향이 확연히 드러나는 장난감에 멋지고 예쁜 포즈를 취한 채 위풍당당하게 그려져 있는 영웅들. 하지만 한번 보고, 다시 보니 개중에 아이들의 손길을 꾸준히 받는 장난감은 몇 개 없었다.

  장난감 가게에 가서 혹은 택배 상자를 뜯으며 세상을 다 가진 듯 기뻐하던 아이들은 며칠을 못 가 흥미를 잃었고, 그렇게 장난감은 방 한구석에 계속 쌓여만 갔다. 그나마 취향이 비슷한 형제·자매가 있다면 다시 제 노릇을 할 기회가 주어지지만, 그렇지 않으면 주변에 나눔을 하려 해도 코로나 시국에 민폐가 될까 폐기물 스티커가 붙여진 채 버려지기 일쑤이다.

  게다가 지구를 지키기 위해 우리 영웅들은 매번 한층 업그레이드 된 옷과 무기, 가끔은 악기와 요술봉으로 무장을 하고 그것도 모자라면 새로운 친구를 훈련시켜 멤버로 만들기도 한다. 그 과정에 우리의 아이들은 이것도 갖고 싶고 저것도 갖고 싶은 마음에 엄마 아빠를 뒤흔들고 무거운 발걸음은 거의 떠밀리듯 장난감 가게로 향하곤 한다.

  어디서부터 잘못된 것일까. 분리 배출과 에코백과 텀블러로 겨우겨우 잡고 있던 희망의 끈에 주렁주렁 예쁜 플라스틱과 멋진 고무들이 한꺼번에 달려들어 끊어지기 일보 직진이다. 인제부턴가 어떤 대상이 유행을 타기 시작하면 수많은 관련 제품이 셀 수 없이 많이 쏟아져 내린다. 만드는 자와 판매하는 자, 그리고 구매하는 자. 누구의 잘못일까?

 자본주의 사회에서 잘못을 가릴 수도, 어쩌면 가려서도 안 되는 문제일 것이다. 그저 나는 이제 곧 후임을 양성할 우리의 영웅들이 지구를 지키기 위해 더 이상 새로운 무기나 복장에 연연하지 않고 진짜 힘을 기르고 싸움의 기술을 연마하길 바란다. '선서불괴모필(善書不愧毛筆 · 명필은 붓을 탓하지 않는다.)'라는 말도 있지 않은가? 또한 그들이 늘 부르짖듯이 진짜 지구를 지키고 싶다면 현재 지구를 자멸하게 만드는 진짜 '악당'이 무엇인지 두 눈 크게 뜨고 찾아내길 바란다. 아마 굳이 변신로봇이나, 로봇으로 변신하는 자동차는 필요 없을 것이다.

조금의 수고로움

　몇 주 전 주말, 현관에서 남편의 목소리가 들렸다. 쓰레기봉투가 이렇게 비싼 줄 몰랐다며 중얼거리는 남편의 손에는 노란 쓰레기봉투 한 묶음이 들려 있었다. 아마 올해를 통틀어 처음 쓰레기봉투를 사봤을 남편은 쓰레기봉투 한 장에 600원이나 한다며 반복해서 놀라워했다.

　약 3년 전 첫째 아이가 다녔던 유치원에서는 원아들이 환경을 지키기 위한 활동을 할 때마다 수첩에 도장을 찍어주곤 했다. 그리고 한 달에 한 번씩 도장이 가장 많은 아이를 선별해 쓰레기봉투를 선물로 주곤 하셨는데, 그때만 해도 환경이라기보단 친구들 앞에서 쓰레기봉투를 받을 때마다 뿌듯해하는 아이의 모습 때문에 정말 열심히 우유갑을 씻고 말리고 찢어서 차곡차곡 모았다. 그렇게 아이가 졸업할 때까지 열심히 하다 보니 어느새 습관이 들었고 그게 지금까지 이어져 왔다.

　우유갑 모으기 전용 백이 꽉 차면 아이와 함께 주민센터로 교환하러 갔고, 쓰레기봉투를 받을 때면 환경도 지키고, 소액이지만 우리집 경제에도 도움이 된다는 생각에 뿌듯했었다. 그런데 어느 날, 여느 때와 같이 우유갑을 교환하러 갔는데 주민센터에서 이제 더 이상 종량제 봉투를 주지 않고 우유갑 1kg당 두루마리 휴지 하나를 주는 것으로 바뀌었다고 하는 것이 아닌가. 두루마리 휴지 하나를 들고 실망한 표정으로 덩그러니 서 있는 아이 옆에서 나 역시 한숨이 절로 났다. 물론 아이와 내가 실망한 이유는 확연히 달랐다. 유치원에서 쓰레기봉투를 받던 기억이 좋았던 아이는 그 추억이 부서져 속이 상했고, 나는 기후 위기가, 탄소 중립이 어쩌고저쩌고 말은 청산유수처럼 하는 이 나라가 작게나마 환경을 위해 시간과 노력을 투자하는 국민의 의욕을 이렇게 꺾는가 하는 생각에 화가 났다.

그 이후로 쓰레기봉투고 휴지고, 다 때려치우고 싶은 마음이 굴뚝같았다. 매번 우유갑을 씻고 말리고 찢어서 차곡차곡 모으고, 페트병의 라벨지 떼느라 씨름하고, 병뚜껑과 다 쓴 건전지도 따로 모으는 등등 나의 노력이 환경을 지키는 데 진짜 먼지만큼이라도 도움이 되는지 의문이 들 때마다 혼란스러웠는데 마치 다 쓸모없다고 확인받은 기분까지 들었다. 하지만 멈출 수가 없었다. 특히 최근에 겨울이라는 계절이 무색하게 따뜻한 날씨가 이어지면서 오랜만에 감기 걱정 없이 바깥에서 신나게 뛰어놀 수 있어 기뻐하는 아이들 모습과는 별개로 나는 말로만 듣던 기후 위기가 이렇게 나타나는 건가 하는 생각에 흠칫 겁이 났기 때문이다. 그래서 그날 저녁 다시 말려두었던 우유갑을 곱게 찢어 펼쳤다.

당연히 수고롭다. 예를 들어 음료수를 마시고 그냥 버리면 되는 걸 라벨지를 벗기고 병뚜껑을 분리하고 남은 병은 발로 꾹꾹 밟아서 분리 배출하는 과정을 과연 누가 일부러 하고 싶을까. 그럼에도 해야 할 지경에 이른 지금 모두는 아니더라도 대다수가 실천하게 하려면 어떻게 해야 할까. 입으로는 환경을 자연스럽게 얘기하지만, 쓰레기통이 없는 놀이터 정자에 아무렇지 않게 음료수 병과 과자 봉지를 잔뜩 내버리고 가는 아이들의 모습은 우리에게 어떤 의미로 다가와야 할까. 어쩌면 이제는 우리가 모두 이론이 아니라 진짜 환경을 위해 조금의 수고로움을 배워야 할 때가 아닌가 싶다.

4부

가끔은

삶을

돌아보며

인생의 쉼표

  가만히 서서 내가 걸어온 인생길을 뒤돌아볼 쉼이 없다. 이 글을 쓰는 나도 그렇고, 이 글을 새벽녘에 혹은 달리는 차 안에서, 출근하자마자 읽고 있는 당신도 그렇다. 이것도 저것도 놓치고 싶지 않지만 결국 꼭 무언가를 놓쳐야만 하는 삶에서 우리는 무엇을 위해 하루하루 버티고 있는 걸까.

  어린 시절, 내가 살았던 동네에서 한 주민이 고층에서 몸을 던졌다. 그 사람이 부서지는 소리였을까, 밑에서 난데없이 포기한 삶을 받아내야 했던 차 한 대가 박살 나는 소리였을까, 어마어마하게 우렁찬 둔탁한 소리에 많은 사람이 숨소리만 겨우 쌕쌕거리며 가만히 한곳을 바라보고 있었다. 모여드는 경찰차와 구급차, 그리고 통제하는 사람들을 감싸고 서 있는 수많은 구경꾼.

  못사는 동네였다. 사람이 사람을 치는 일이 허다했고, 술을 한 바가지 마시면 세상을 향한 원망과 삶에 대한 한탄이 온 동네를 기세등등하게 울리곤 했던 그런 동네. 그래도 어떻게든 삶을 이어가려던 사람들 속에서 불쑥 사라져 버린 죽은 자의 여운은 책가방을 메고 있던 내게 처음으로 이런 질문을 던져주었다.

"무얼 위해… 살아가는가?"

하지만 사는 동네가 변하고, 삶의 모습이 변하며 한동안 잊고 살았다. 그 동네, 그 사건, 모든 것을. 그러나 새해가 밝고 이제 찬란한 봄이 오려는지 천천히 느껴지는 따뜻한 햇살이 무색하게 여기저기서 안타까운 소식들이 들린다. 당사자들의 삶을 통째로 흔들고, 제삼자인 나의 가슴까지 철렁이게 하는 소식들. 게다가 며칠 전에는 나의 주거지 인근에서 투신한 한 남성의 기사까지. 흔들흔들거리던 내 삶의 지지대는 결국 캄캄했던 어린 시절의 의문으로 되돌아가고 말았다.

"무얼 위해 이다지도 힘들게 살아가는가?"

사실 엄청난 질문은 아니다. 많은 이들이 잊을 만하면 누군가는 꼭 던지는 질문이다. 하지만 대부분이 우리의 마음에 남지 못하고 허공에 흩어졌다. 혹은 우리 스스로가 겨우겨우 내려앉은 인생의 쉼표를 툭툭 털어냈는지도 모른다. 물론 바쁘게 돌아가는 세상 속에서, 내가 책임져야 하는 많은 일을 손에 쥐고 무작정 내 인생길을 돌아본다고 전진하던 발걸음을 멈출 수는 없을 것이다. 그러다가 답을 명명할 수 없는 질문에 끝도 없이 잠겨 영영 길을 잃을 수도 있으니.

그저 한 번쯤, 모든 일과가 끝나고 집으로 돌아가는 퇴근길이나 아이들이 모두 잠든 고요한 밤, 텔레비전과 휴대폰을 잠시 *끄고* 나의 삶에 질문을 던져 보면 어떨까? 그 질문에 대한 답들이 켜켜이 쌓여, 아니면 그 생각의 시간이 차곡차곡 쌓여 어쩌면 훗날 마주할 어떤 큰일에도 내가 무너지지 않게 잡아줄 수도 있으니까.

오랜만에 연필을 잡고 글을 쓰니 종이에 부딪혀 나는 서걱서걱 소리가 유독 서글프다. 귀로 듣고 마음에 쌓아둔 어떤 이름들 탓이겠지. 그들의 시련이 인생의 진한 쉼표로만 남기를 소망한다. 아무 흔적 없이 그저 쉼으로만. 마침 봄볕도 포근하니까.

살아 있다는 것에 대하여

 매주 돌아오는 휴일, 별다를 것 없는 오후였다. 코로나19로 인해 주말에도 집에 있는 것이 당연해지다 보니 항상 베란다 창문으로 바깥만 바라보는 아이들의 뒷모습이 짠해 놀이터로 나선 길. 화려한 놀이동산도 아니고, 광활하게 펼쳐진 바다도 아니건만 아이들의 발걸음은 하늘을 날듯 사뿐거렸다. 무엇이 그리 좋을까. 미끄럼틀을 타기 위해 계단을 오르면서, 중심도 못 잡으면서 혼자 그네를 타 보겠다고 버둥거리면서도 아이들의 입에서는 끊임없이 웃음소리가 흘러나온다.

 살랑살랑 불던 바람이 조금씩 조금씩 그 기세를 드러내려고 하자 즉각 코를 훌쩍거리는 둘째 아이를 아빠와 함께 집으로 들여보내고 겨우겨우 그네에 올라탄 첫째 아이 등을 한 번, 두 번, 세 번이나 밀었을까 갑자기 엄청나게 큰 소리가 들렸다. 쿵! 그리고 또 쿵!

 전쟁이 나면 이런 모양새일까. 내 발끝까지 날아온 놀이터 울타리 파편, 여기저기서 들리는 아이들 울음소리와 놀란 엄마들의 비명소리. 그리고 순식간에 몰려든 구경꾼들과 여기저기 119와 112에 신고하는 목소리까지. 놀란 가슴을 진정시키기도 전에 내 품으로 뛰어든 첫째 아이를 번쩍 들어 안고 사고가 난 곳에서 가장 먼 벤치에 앉았다.

사고가 난 차량에서 힘겹게 내린 운전자는 딱 봐도 나이가 많이 드신 할아버지셨다. 사고의 원인이 차체 결함인지 운전 부주의인지는 알 수 없었지만, 내가 정확하게 알 수 있었던 건 차량이 놀이터로 돌진했고, 그로 인해 울타리 세 개가 완전히 부서져 놀이터 전방 공터에 흩뿌려졌으며, 그러고도 멈추지 못한 차량이 그 앞에 나무를 박고서야 겨우 멈추었다는 것이다.

경찰차와 구급차가 차례로 도착해 현장이 수습되고 부상자가 이송되고 나니 그제야 정말 다행이라는 생각이 들었다. 만약 그곳에 울타리가 없었다면, 그리고 차량에 부딪힌 나무가 버티지 못하고 부러지기라도 했다면 공터 바로 앞에서 그네를 타고 있던 나와 딸은 어떻게 되었을까. 하필 그날따라 누가 그랬는지는 몰라도 그네를 둘러싸고 있던 전방 울타리도 다 뽑혀진 상태였는데 말이다. 또, 여느 날과 다르지 않게 놀이터 공터에서 많은 사람이 운동을 하고 놀고 있었더라면 얼마나 많은 부상자가 나왔을까. 상상만 해도 끔찍한, 상상조차 하기 싫은 많은 일이 벌어졌을 것이다.

안타까운 죽음이 모두의 마음을 무겁게 하는 요즘이다. 이제는 아픈 이름이 되어 버린 정인이부터 사인조차 모르는 손정민 군까지.

그리고 이제는 너무 익숙해져 버린 코로나19 감염과 백신으로 인한 사망자까지 수많은 소중한 목숨이 오늘도 어제도 빛을 잃어가고 있다. 우리는 바쁜 일상에 매몰되어 "누가 죽었구나.", "오늘은 몇 명이 확진되었구나." 하고 가볍게 넘긴다. 나 역시도 그랬었다. 끔찍한 사고가 나와 내 주변에 일어나지 않았으니까, 코로나19가 내 코앞까지 다가오지 않았으니까 동시대에 일어나고 있는 일임에도 마치 다른 나라 얘기처럼 느껴질 뿐이었다.

하지만 놀이터 사고 현장 목격 이후로는 마음가짐을 다르게 하게 되었다. 뜻하지 않게 삶을 마친 이들에 대해 조금 더 진심 어린 애도의 마음을 가질 수 있게 되었다. 더불어 내가 이렇게 아무 일 없이 일상을 꾸려나갈 수 있는 것이 당연한 것이 아니라 매우 감사한 일임을 새삼 깨달았다. 살아 있다는 것은 그 자체로 축복이다. 한 번쯤 들어봤을 이 문구를 가슴에 깊게 새겨보고자 한다.

"당신이 헛되이 보내버린 오늘은 어제 죽은 이가 그토록 살고 싶어 하던 내일이다."

고인 물이 썩기 전에

나에게 주어진 한정된 시간을 해야만 하는 일들에 할애하다 보면 주체적으로 쓸 수 있는 시간이 사실상 많지 않다. 상대적으로 너무나도 적은 그 시간을 오락과 휴식으로도 쓸 수 있고, 그 행위가 의미가 없는 것은 아니지만 이왕이면 조금이라도 나 자신이 정체되는 것을 막기 위해 평소에 책을 읽는 데 시간을 많이 할애하고자 노력한다.

지금의 이 자리에 앉기 위해 넘어야 했던 모든 관문을 공식적으로 다 통과했다는 통보를 받은 최종 합격의 날이 아직도 생생하다. 이제 나도 어엿한 사회인으로서 이 세상에 발을 내디뎠다는 성취감과 안도감 외에 마음 한구석에 몽글몽글 피어나던 생각 또한 아직도 생생하다. 더 이상 그 어떤 이루어야만 하는 것을 이루기 위해 시간에 쫓기며 동동거리지 않아도 된다는 해방감이었다. 그 해방감은 임용 후 몇 년간 나를 자유롭게 했다. 말 그대로 공직 생활의 자유함이었다. 모든 것은 나의 선택 사항이었을 뿐 꼭 해야 하는 의무 사항은 직업적인 것 외에 아무것도 없었다. 연애도, 결혼도, 취미 생활도 하다못해 운전을 하느냐 마느냐까지도.

그 후 몇 년, 바로 지금, 어떻게 보면 내 인생에서 가장 많은 에너지를 쏟아 가며 보내던 일상 한가운데서 문득 심장을 관통하는 듯한 강력한 의문이 들었다.

"지금 뭘 하고 있는 거지?"

정년이 보장되어 있는 직업을 가졌다는 이유로, 혹은 아이가 둘이라는 이유로 그동안 꾸준히 고인 물이 되어가던 나 자신을 너무도 갑작스럽게 마주하게 된 것이다. 아무것도 개의치 않는다는 듯이 시간은 흘러가고 나도 일상에 파묻혀 겨우겨우 휩쓸려 가고 있다고 생각했지만 결국 나는 고인 물이었다. 나 자신을 위해서는 아무것도 하지 않는 고인 물.

그래서 오늘도 리모컨과 책을 두고 한참 내적 갈등을 하다 책을 든다. 손은 책을 들었으면서도 눈은 리모컨에서 한참을 떠날 줄을 모른다. 책과 텔레비전을 동시에 볼 수 있도록 뇌가 이분화되어 있으면 얼마나 좋을까 하는 허황된 생각을 또 해본다. 그래도 다행인 건 몇 년간 의식적으로 펼쳐온 책들이 첫 한 장을 넘기면 자연스럽게 책에 빠져드는 습관을 가져다준 것이다.

신규 교육을 받을 때 들었던 수많은 말 중에 뼈에 박힌 한 문장이 있었다. "여러분은 사무실을 나가는 순간 공무원 티를 벗어 버려요.

염색도 하고 그러란 말이야. 어딜 가나 나 공무원이에요 하고 다니지 말라고."

  공무원이 공무원 티가 나는 것이 무슨 잘못이랴, 단지 그 틀 안에 갇혀 젊음의 아름다움도 세상의 다채로움도 경험하지 못하면 안 되니까 해주신 말씀이 아닐까 하는 그 깊은 뜻을 이제는 알 것 같다. 그래서 나는 오늘도 책을 편다. 그 안에서 지금의 나와는 달리 혼자의 몸으로 자유를 만끽하는 누군가를 부러워도 해보고, 인생의 끝자락에서 젊음을 부러워하는 이의 애처로운 마음을 느껴보기도 한다. 내 안에 고인 물이 조금씩 조금씩 졸졸졸 새어 나갈 수 있도록.

헤어짐에 익숙해진다는 것

 파란 하늘만 봐도 보석 같은 웃음을 쏟아내고 교복이 가장 잘 어울리던 우리들은 교생 선생님의 마지막 수업이 있던 날, 선생님의 인사말이 시작도 되기 전에 눈시울을 붉혔다. 눈맞춤만으로도 아쉬움을 넘어선 슬픈 마음이 전해지는 듯 선생님의 콧방울도 붉게 물들고 겨우 첫 마디를 내뱉은 목소리는 아득히 잠겨 있었다. 그날 교실 창문을 넘어서 복도까지 우리들이 훌쩍거리는 소리가 가득한 건 모두에게 자연스러운 일이었다. 우리는 비록 얼마 안 되는 짧은 시간이었지만 함께했기에 주어지는 헤어짐에 슬퍼하기를 마다하지 않았다. 이뿐일까. 우리들은 학년이 올라가며 친한 친구와 같은 반이 되지 않으면, 쉬는 시간마다 서로의 반으로 찾아가며 아쉬운 마음을 달래곤 했다. 어림잡아 열 걸음이면 닿을 수 있는 곳이었지만 한 공간에 있지 않다는 이유로 한 글자 한 글자 정성스레 마음을 담아 꾹꾹 눌러쓴 편지를 쉬는 시간에 전해 주고는 교실로 돌아와 남몰래 슬며시 웃음을 짓기도 했다.

 그때의 우리가 어느새 선생님의 나이가 되고, 그 나이를 넘어서는 동안 수많은 만남과 헤어짐이 있었다. 만남이 두근거리는 설렘과 입꼬리가 저절로 올라가는 기쁨을, 헤어짐이 진한 아쉬움을 전해주는 동안 우리는 너무도 자연스럽게 서서히 어떤 것을 잊어갔다. 헤어짐을 슬퍼하는 방법이다. 언제부터인가 이별의 순간마다 너 나 할 것 없이 모두가 술 한 잔에 함께한 시간을 모두 담아 과거로 털어 버리려는 듯 열심히 마시고, 다음 날이면 그 시간들이 마치 없던 것처럼 아무렇지 않게 일상을 맞이한다. 마주 보며 웃었던 순간들, 같이 힘써왔던 나날들, 가끔은 부딪히고 엇갈려도 결국은 대화로 서로를 이해하려 했던 노력들을 마치 봄이면 창가에 쌓이는 송홧가루 닦아 버리듯이 너무도 쉽게 지워버린다.

 언젠가 맞이한 누군가의 송별회, 그 자리의 주인공은 끝내 눈물을 훔쳤다. 짧다고도 길다고도 할 수 없는 어설픈 기간 속에 그리 가깝지도 멀지도 않게 그녀를 바라보고 있던 나는 그 당시 그녀의 슬픔을 이해하지 못했다. 그녀는 모두가 퇴근한 시간에도 혼자 사무실을 종종 지켜야 할 만큼 일이 많았고 스스로도 버거워하는 모습이 눈에 보였다. 되레 이곳을 떠나 새로 가는 곳에서는 일에 대한 부담을 조금 내려놓고 즐거운 직장 생활을 할 수 있을 텐데, 하는 생각이 머릿속에 가득해 그녀의 감정에 공감할 수 없었다. 그렇지만 그 후 마주한 인사 발령마다 그녀의 모습이 계속 생각났다. 너무나도 궁합이 잘 맞아 근무 기간 내내 마음을 편하게 해주었던 직원이 떠나갈 때도, 시시때때로 부딪혀 원수가 따로 없다고 생각한 직원이 자리를 옮길 때도 혹은 내가 새로운 자리로 갈 때도 그녀가 훔친 눈물이 떠올라 마음이 콕콕 쑤셨다.

그리고 깨달았다. 몇 번을 겪어도 적응되지 않는 아픔이 있듯이 누군가 예정되거나 혹은 예상치 못하게 떠나가는 순간에, 가는 사람도 남겨지는 사람도 헤어짐을 순수하게 슬퍼하지 않는 모습과 혹여 누군가 슬픈 감정을 드러낼 때면 그 모습이 이상하게 취급되는 현실에 나는 적응하지 못하고 있었다는 것을. 어른이 되었으니 그렇게 해야 할 것만 같은 부담감에 무던하게 헤어짐을 마주할 수 있는 척하는 동안 가슴은 쩍쩍 금이 가고 있었다.

앞으로 남은 삶을 사는 동안 우리는 또 얼마나 많은 이별을 마주하게 될까. 어떤 이별에는 눈물이 꼭 필요하다. 또한 이별이 필연적으로 가져다주는 슬픔을 있는 그대로 표현하는 것도 결코 나쁘지 않다. 울고 싶으면 울고 웃고 싶으면 웃는 아이들은 알고 어른들은 모르는 척하는 이 진실이, 우리의 마음이 더 모나기 전에 모두에게 당연한 진리가 되길 소망한다.

이별을 알고 맞이한들

　처음부터 알고 있었다. 강낭콩이 한 해 식물이라는 것을. 열매가 달리고 익어갈수록 그 생명이 다하리라는 것을. 하지만 이렇게 예상치 못한 순간에 마주할 줄은 몰랐다. 평소와 같이 안부를 물으러 간 그날. 너무도 노쇠해진 그 모습에 만감이 교차했다.

　처음 콩 꼬투리를 본 날 이후로 수많은 꼬투리 중 일부가 쑥쑥 크기 시작했다. 너무도 기쁘고 설레었다. 드디어 수확물을 보는구나. 이 열악한 베란다라는 환경에서 식물이라고는 한 번도 키워본 적이 없는 사람을 만났음에도 자신의 역할을 끝까지 해내고 있는 듯한 강낭콩에 고마운 마음마저 들었다. 친정 엄마가 오신 날, 자랑스럽게 강낭콩이 열렸다고 말씀드리니 진짜 보시고는 눈이 동그래지셨다.

　진짜 열렸네!

　그랬다. 진짜 열렸다. 그런데 열리는 만큼 그토록 싱싱했던 초록 잎들은 시들어 가고 있었다. 어떻게 한순간에 이렇게까지 생명을 잃어갈 수 있는지 마음이 너무도 심란했다. 색이 노랗게 변하기 시작한 잎들은 가장자리부터 말라갔다. 건드리면 바삭바삭 소리가 났다. 처음에는 너무 속이 상해 색이 바랜 잎들을 다 뜯어내 보기도 했다.

그러나 단 하루를 가지 못했다. 그다음 날에는 다른 잎들이 더 빠른 속도로 생기를 잃어갔다. 더 이상 가장자리가 아닌 잎사귀 전체가 죽어버린 채 억지로 매달려 있는 모습을 매일 마주해야 했다.

마음이 침울했다. 열매가 익어 가는 모습이 주는 기쁨보다 잎사귀들을 바라보며 뜯어내며 느끼는 감정이 너무도 무겁고 버거웠다. 그때, 감정의 끝에서 한 사람이 슬그머니 고개를 들었다.

나의 외할머니. 벌써 언제 적이던가. 10년은 훌쩍 넘지 않았나. 우리 엄마의 눈물을 한껏 삼키고 하늘로 올라가신 할머니. 곱게 씻긴 할머니의 마지막 모습이 떠오른다. 내 눈가가 부끄러울 정도로 말라 있었던 것에 비해 엄마는 온몸에 물이란 물은 다 쏟아내려는 듯 오열했다. 쓰러지고 부축받고 다시 오열하고 쓰러지고를 반복했던 엄마.

인생의 황혼기라 불리는 노년기를 요양원에서 꾸역꾸역 살아내신 할머니. 억척스럽던 성정도 사납도록 거칠던 입담도 다 내려놓은 할머니의 생전 마지막 모습은 말 그대로 맑았다. 나에게 사랑을 주지 않았던 만큼 나 역시 멀고도 멀게 느꼈던 존재였기에 그때는 이미 그녀의 기억 속에 나는 없었다. 오직 나만이 혈연이라는 끈을 겨우 붙잡고 있던 어느 날 그녀가 머무는 요양원을 찾은 적이 있다. 그게 마지막이었을 줄 알았다면 조금은 더 애틋하고 짠한 마음으로 그녀를 대할 수 있었을까. 새삼 해 보지도 않던 후회가 밀려든다. 강낭콩 잎사귀 한 장에.

그녀의 장례식장을 지키며 여러 편의 시를 썼었다.

강 건너, 산 넘어
어디쯤 가시려나

톡 하고 건들면
당장이라도 스러질 듯
아파하던 당신이건만

먼저 떠나간 임은
기쁘게 재회하신 건가

살아생전 그렇게도
원수가 없다고 하시더니
눈감는 그 모습에

그리 기억을 놓으실 줄
누가 알았을까

사랑했던 건가

모두가 한때는 사랑했을 테지
태어나서 살아가는 동안
어느 한순간은
가족이란 테두리 안에
함께 숨 쉬며 아끼던 시간이
어느 즈음에 있었겠지

내 몸 하나 챙기기에도
힘든 이 세상에 누군가를 만나
자식을 만들고,
온몸 구석구석에 지고 살려니
힘에 부쳐 미처 당신을...
돌아보지 못한 후회가
곱게 화장한 당신의 마지막 모습에
한꺼번에 눈물로 터져 흐를 때
나는 갑자기 말하고 싶어졌지

'오케이'

세상에 이리 슬픈 오케이가
또 있을 수 있을까

'오케이, 잘 가셔요.'
'할로우, 기쁘게 만나기를'

아직은 귓전에
아프다는 말도 배고프단 말도
그리고 오케이란 말도…
들리는 듯 당신을 보내지 못했지만

삶은 이어지겠지

남겨진 사람들에게 너무 큰 고통이
기다리고 있지 않도록
하나 이쁘지 않은 우리들이라도
당신이 보살펴주기를

그리고 당신 곁에
늘 하나밖에 없는 딸내미가

당신을 지켜 왔음을

기억해 주기를. 그건 사랑이었음을

할머니와 나는 사랑하는 사이도 아니었지만, 미워하는 사이도 아니었다. 그 사이에 있는 엄마는 할머니가 너희를 사랑하셨지만 표현 못하셨을 뿐이라 하지만, 사랑이란 그렇게 남이 포장한다고 갑자기 생겨나는 것이 아님을 나는 너무도 잘 안다. 그럼에도 그녀가 생을 다했을 때 생각보다 훨씬 더 많이 우울했었다. 슬펐다기보다는 모든 것이 허망하고, 허무하고 의미 없어지는 그런 기분을 느꼈었다.

할머니의 유언은 "배고파"였다. 위가 멈추고 장이 활동을 제대로 못해 괴사에 이르러서도 할머니는 배고픔을 느끼셨다. 처절하게 배고프다고 하셨지만, 중환자실에 있던 그 누구도 그녀에게 수액 말고는 줄 수가 없었다. 무언가 들어가면 그것이 그녀의 마지막 숨구멍을 막을 수도 있었기에. 나의 엄마는 이 모든 사실을 알고도 여전히 후회하고 계신다. 그녀의 마지막을 고통스러운 의료 연명 줄에 매단 것이 자신이라는 죄책감이다. 이제는 좀 털어버리셨을까. 나는 할머니도 우리 엄마도 이렇게 가끔은 미치도록 안쓰럽다.

살아생전 그 작고 다부진 몸으로 농사를 많이 지으셨다던 할머니. 강낭콩은 키워 보셨을까. 여전히 할머니를 생각할 때면 눈시울부터

붉어지는 엄마를 보면서도 같은 마음일 수 없었던 손녀가 뜬금없이 생의 마지막을 향해 기울어진 강낭콩을 보며 당신을 떠올린 걸 알면 어떤 표정을 지으실까.

 이별을 알고 맞이한들 그 이별이, 이별이 아닐 수는 없듯이, 여전히 이별은 아프고 슬프다. 그럼에도 남겨진 이들은 슬픈 마음을 추스르고 매 순간 다가오는 삶을 맞이해야 하기에 아직은 나에게 남은 듯한 약간의 시간 동안 끝을 마주할 준비를 해야겠다.

서늘한 바람이 불어올 때면

　사람은 어느 정도의 고통까지 견딜 수 있는 걸까. 불행을 마주한 이들에게 위로라는 이름으로 쉽게 건네지는 말이 있다. "신은 인간에게 견딜 수 있는 고통만 준다." 하지만 가끔은 정말로 우리에게 닥치는 시련들이 견딜 만한 것인지 의문이 든다.
　등원을 위해 두 아이와 함께 밖으로 나왔던 어느 평범했던 날, 집 밖으로만 나오면 질주 본능을 발휘하는 둘째는 어김없이 집과 어린이집 사이에 있는 놀이터로 뛰어갔다. "뛰지 마, 뛰지 마"를 반복적으로 말했지만 내심 늘 반복되는 루틴에 말과는 달리 마음을 놓고 있었다. 첫째와 천천히 걸어가며 이런저런 얘기를 하고 있는데 갑자기 놀이터 울타리 밖 차도로 향하는 둘째의 모습이 보였다. 아이를 향해 천천히 다가오는 차 한 대도 보였다. 본능적으로 첫째 손을 놓고 둘째에게 뛰어가 팔목을 잡고 인도로 끌었으나 작은 체구의 아이를 보지 못한 운전자는 아이를 치기 직전이었고 내 모습을 보고 급정거를 한 상태였다. 너무 놀라 당장에라도 나에게 욕을 퍼부을 것 같았던 운전자는 내 뒤에서 쭈뼛거리는 첫째를 한 번 보더니 "애 간수 제대로 못해요?"라는 말과 비난이 가득 남긴 눈빛을 남기고 가버렸다.

그 당시 우리 아이는 조금 놀라긴 했어도 차와 부딪히지도, 넘어지지도 않아 전혀 다치지 않았다. 하지만 인간의 뇌는 실제 경험을 하지 않아도 그 경험을 하는 상상만으로 신체에 그에 합당한 지시를 내린다고 한다. 이를 뒷받침하듯 나의 뇌 역시 최악의 상황까지 상상의 나래를 뻗쳤기에 심장은 미친 듯이 뛰고 당장에라도 주저앉아 울고 싶은 심정이었다. 이처럼 어떤 엄청난 일이 일어날 뻔한 상황에서도 인간은 굉장한 스트레스를 받는데 실제 이런 일을 맞닥트린 당사자들의 고통을 그 누가 쉽게 견딜 만한 것이라고 단정 지을 수 있을까.

그 일이 있은 지 얼마 되지 않아 티브이 채널을 돌리다 '유퀴즈 온 더 블럭'이라는 프로그램 재방송을 우연히 보았다. 방송에서는 한 아버지가 27년 전 자신의 아들이 학교 폭력을 견디지 못해 하늘나라로 갔다는 이야기를 담담하지만 결코 담담하지 않게 전하고 있었다. 더욱 비통한 것은 아이가 처음 투신했을 때는 자동차에 떨어져 목숨이 끊어지지 않았는데 다시 아파트로 걸어 올라가 재투신을 해 끝내 삶을 등졌다는 사실이었다. 평소 같았으면 "참 안됐다" 하고 얼마 가지 못해 까맣게 잊었을 테지만, 우리 아들이 큰일을 당할 뻔한 지 얼마 되지 않아서였는지 한동안 이 사연이 머릿속에서 계속 맴돌았다. 자식을 잃은 고통을 '참척의 고통'이라고 한다. '참척' 한 자의 뜻을 풀이한다면 '참혹한 근심'이다. 이 참혹함을 과연 누가 가늠할 수 있을까.

각각의 인격체가 견딜 수 있는 고통의 크기는 모두 다 다르다. 그러기에 섣부른 위로도 섣부른 단죄도 당사자들에게는 상처가 될 수 있다. 또한 명백한 잘못을 한 어떤 이에게 주어지는 마땅한 비난도 그것을 견디고 있는 그 사람 옆에 서 있을 수밖에 없는 이들에게는 크나큰 고통일 뿐이다. 물론 내가 아끼는 누군가가 자신의 잘못이나 타인의 잘못으로 혹은 자신의 선택이나 타인의 선택으로 인생의 고비를 맞닥뜨렸다면 어떻게 해서라도 도움을 주고 싶은 건 인간의 선한 본성일 것이다. 하지만 가끔은 아무 판단도 아무 말도 하지 않고 그 옆을 지켜주거나 지금의 우리 자리에 그저 굳건히 서 있어 주는 것이 더 큰 위로가 될 수 있다.

요 며칠 장마가 시작될 것이라는 것을 알려주려는 듯이 날이 우중충하다. 먹구름이 가득한 흐린 하늘에서 추적추적 비가 내리면 괜스레 마음이 센티해지고 조금 더 나아가면 우울해지기 마련이다. 평온한 나날을 보내고 있는 사람도 그럴 수 있는데, 인생의 폭풍을 겨우겨우 헤치고 있는 사람이라면 오죽할까. 허나, 우리가 모두 알고 있듯이 장마는 언젠가 끝이 날 것이다. 장마가 끝나고 불어올 서늘한 바람에 당신이 고통 속에 흘린 눈물도 서서히 마르길 소망한다.

회색 안경

　어느 평범한 출근길이었다. 이제 우회전 한 번이면 도착인데 낯선 사람이 겁도 없이 차 앞을 막았다. 그리고 내 차 안을 가득 메우던 음악 소리를 뚫고 들리는 땅을 파는 기계의 엄청난 굉음. 그제야 안내판이 눈에 들어왔다. '공사 중' 얼떨결에 앞에 선 사람의 안내대로 한 번도 가 보지 않은 길로 접어들었는데 눈앞이 캄캄해졌다. 엎어지면 코 닿을 곳이 내 근무지인데, 도통 이 차를 끌고 어느 길로 가야 할지 길을 잃은 기분이었다.

　요동치는 심장을 진정시키고 내비를 켜니 아주 좁은 길로 안내가 되었다. 차 한 대가 지나갈까 말까 한 건물과 건물 사이에 위치한 길이었다. 겨우겨우 통과해서 한숨을 돌리려는 찰나, 길 끝에서 내가 마주한 건 나의 근무지 앞 큰길 진입로를 막고 서 있는 소형차 두 대였다. 두 대 중 한 대만 비켜주면 빠져나갈 수 있을 것 같아 어느 차주에게 전화할까 고민하며 서 있는 데 할머니 한 분이 성큼성큼 나에게 다가오셨다. "내 차 빼주께" 한마디를 남기고 운전석에 탑승하시는 할머니를 보며 한참은 기다려야겠구나, 하고 체념하고 있는데 이게 웬일인가. 시동 부릉부릉, 뒤로 후진 빡, 우회전 깜빡이 켜고, 정말 눈 깜짝할 새에 사라진 할머니의 차. 덕분에 무사히 출근 시간을 맞출 수 있었다.

약 10분간의 엄청난 모험을 뒤로하고 사무실에 들어가 자리에 앉으니 마음이 씁쓸해진다. 실제로도 시력이 좋지 않아 얼굴에 거추장스러운 안경을 쓰고 있는 것도 모자라 내 사고(思考)에도 선입견이 덕지덕지 묻은 회색 안경을 쓰고 있었다는 불편한 진실을 마주했기 때문이다. 내 차 앞을 가로막은 차의 주인이 할머니라는 사실을 인지한 순간부터 나는 '노인은 운전을 잘 못할 것이다.'라는 선입견에 지배당한 채 '출근 시간을 못 맞추겠구나, 망했다'라고 생각했다. 이 얼마나 편협적인 생각인가. 평소에 사람을 대할 때 소문이 발 빠르게 내 귀에 닿아도, 사람은 겪어 보는 것이 중요하다고 생각하고 늘 신중에 신중을 기했던 나였지만 여전히 특정 대상에게 쓰여 있는 회색 안경을 벗지 못하고 있었다.

생각해 보면 아주 사소한 것부터 사안이 중대한 것에 이르기까지 우리는 회색 안경을 참 많이도 쓰고 살고 있다. 많은 사람이 들어봤을 "저는 대학에서 영어를 전공했어요."라는 말에 각본처럼 짜인 "어머, 그럼 영어 잘하시겠네요."라는 반응부터, 결혼을 해서 아이가 있는 여자는 가정에 신경 쓰느라 일에 집중 못 할 것이라는 생각, 혹은 남자가 술을 좀 마셔줘야 사회생활을 잘하는 거라는 생각까지 그 수가 너무 많아 헤아릴 엄두조차 나지 않는다. 물론 그 바탕에는 실제 그런 사람들이 존재하기 때문에 그런 생각들이 점차 굳어져 선입견으로 다시 태어났을 수도 있다. 하지만 그런 사람이 있다면 그렇지 않은 사람도 분명 존재한다. 그렇기에 회색 안경을 벗지 않고 특정 상황에 있는 모든 사람을 바라본다면 일부 사람의 일생에 엄청난 부정적 영향을 줄 수 있다. 가령, 일부 업체에서는 여전히 결혼, 출산 계획이 있는 여성 지원자들은 합격시키기를 꺼려하고 규모가 큰 프로젝트는 남자 관리자에게 맡기는 게 관례가 되어 있다고 한다.

  우리가 입버릇처럼 말하는 지금은 21세기다. 지금껏 선입견이 만들어지는 데 기여한 사람들에게 집중해 왔다면 이제는 그렇지 않은 사람들이 빛을 발할 수 있도록 하는 사회가 되었으면 좋겠다. 어느 퇴근길, 또다시 우연히 마주친 할머니의 차는 여전히 거침없이 달리고 있었다.

당연하다 할지라도

　불과 며칠 전 마땅히 해야 할 일에 대해 과분하다 느껴질 정도의 격려를 받은 적이 있다. 마치 가정 내에서 한 번도 인정을 받지 못하고 자란 아이가 다 큰 성인이 되어서 처음으로 따뜻한 말을 들었을 때 느낄 만한 감정이 가슴을 물들였다. 낯설었고 따스했다.

　사회인으로서 공식적인 첫 발걸음을 뗀 후 가장 아프게 배운 건 바로 '당연하다'는 말의 의미였다. 그 당시 모든 것이 서툴렀던 내 눈에는 이미 몇 년 혹은 몇십 년의 경력을 가진 이들이 하루하루 해내는 일들과 일정 기간을 두고 이루어 내는 성과들이 다 대단해 보였다. 하지만 그 누구 하나 뿌듯하다거나 자랑스럽다거나 하다못해 개운하다는 감정을 드러내지 않았고 그것은 마치 우리가 밥을 먹고 잠을 자는 일상 속 루틴인 것처럼 너무도 가볍게 흘러갔다. 지금 돌이켜보면 미련하게 순수한 마음이었지만 그럼에도 나는 그 모든 순간순간을 잡아 억지로라도 다 헤집어 그들이 애쓴 모든 것에 박수를 쳐주고 싶었다.

　하지만 얼마의 시간이 흐른 후 "당연하다."의 칼날을 나 역시 피해 갈 수 없었다. 쌓아온 몇 년의 시간 동안 내가 사고나 실수 없이

해온 일들에 대해서는 침묵이, 그러지 못한 것들에 대해서는 매서운 질책이 예외 없이 반복되었기 때문이다.

"당연하다"는 말로 묻히는 수많은 노력과 그 노력을 만들어내는 이들을 생각해 본다. 또한 "그 자리에 있으면 이 일은 당연히 잘 해내야지, 이 정도는 당연한 거 아니야? 넌 당연히 잘 해낼 줄 알았어."라는 말에 끊임없이 짓눌리다 갑작스레 모든 것을 놓아버린 사람들과 깨닫지 못할 뿐 멈추기 직전까지 도달한 사람들도 떠올려본다. 누구의 잘못인가. 형태가 없는 사회 탓을 하기엔 그 안을 이루는 우리의 모습을 너무도 오래 외면했던 것이 아닐까. 세상에 당연한 것은 없다. 또한 당연하다는 말이 줄줄이 매달고 다니는 부담감을 끝끝내 버틸 수 있는 사람도 많지 않다. "무슨 애도 아니고 칭찬 스티커라도 줄까? 열 개 모으면 사탕 사줄게~"라는 말을 한다면 나는 기회다 싶어 덥석 그 제안을 잡겠다. 물론 제안자나 수용자나 사탕 먹을 나이는 지났으니 마땅한 보상과 칭찬의 방법을 같이 협의해 볼 수 있다면 이보다 좋을 수 있을까.

나이를 먹고 경력이 쌓이면 업무에 대한 노하우나 대처 능력은 단단해질지 몰라도 우리의 마음까지 마치 기계를 꽉 조이고 있는 너트와 볼트처럼 굳세어지는 것은 아니다. 되레 그 시간을 버티느라 너덜너덜해진 마음이 점점 종잇장처럼 얇아지며 어떤 결정적인 사건이나 경험이 아니더라도 누구의 말 한마디, 행동 하나, 하다못해 나를 바라보는 눈빛에도 너무 쉽게 찢어지고 만다. 그렇기에 그럴수록 누군가의 일상을 지켜주는 또 다른 이의 노력과 나를 빛나게 하는 너의 애씀에 더더욱 아낌없는 칭찬과 적절한 보상을 해주어야 한다. 그것이 나를 버티게 하고 너를 지켜주는 가장 쉽고도 바른 방법이다.

옛말에 '소 잃고 외양간 고친다'는 말이 있다. 묵묵히 밭일을 하는 시간 외에는 늘 외양간에 있으리라 생각한 소도 어느 순간 자리를 박차고 뛰쳐나간다는데, 하물며 사람은 어떨까. '굳이'라는 의문이 머리를 채우고 무상함이 마음을 메우는 순간 그 누군가가 어떤 선택을 할지 우리는 이미 알고 있다. 외양간은 뚝딱뚝딱 고치면 되는데 그 빈자리는 또 누군가에게 고통으로 넘겨질는지 아득한 현실에 한숨이 차곡차곡 쌓인다.

다른 누구도 아닌 오늘 하루를 간신히 버티고 있는 나와 너를 위해 '성과'만큼이나 '노력'이 인정받는 사회가 오길 바란다. '여우'가 받는 대접을 '소'도 받을 수 있는 세상이 오길 희망한다는 말이다.

누구나 일탈을 꿈꾸지

가끔 모든 게 지루하고 버겁게 느껴지는 때가 있다. 그럴수록 사소한 것에 크게 감응하고 소소한 것에 더 많이 감사하며 이겨낼 수 있는 내면의 힘을 가진 사람이 과연 얼마나 될까. 아마 대부분 사람은 감정의 방향키를 부정적인 쪽으로 돌려 그동안 경험하지 못했던 어둠에 빠져들 가능성이 높다. 누군가는 우울함에, 또 다른 누군가는 회의감과 같은 막막한 늪에 자신도 모르게 서서히 잠식되는 것이다.

그래도 한 번쯤은 허우적대던 손에 누군가의 손이 걸리기도 한다. 늘 그 자리에 있는 가족, 내 모습 그대로를 받아들여 주는 친구, 혹은 가깝지도 멀지도 않은 애매한 거리에 있는 직장 동료가 머리끝까지 내가 잠겨 버리기 전에 사라지기 직전의 나를 발견하는 것이다. 그런데 문제는 어둠 속에서 어둠이 손을 내밀 때다. 그 손은 어둠이 뻗쳐왔기에 어둠 속에서 더욱 빛을 발한다. 음침하지만 화려하게, 아슬아슬해 보이지만 매혹적으로 나에게 얼른 같이 가자며 재촉한다.

모두가 머리로는 알고 있다. 절대 그 손을 잡으면 안 되며, 세상에 비밀은 없기에 언젠가는 나의 선택이 만천하에 드러날 거라는 걸. 하지만 늪으로 서서히 가라앉는 순간, 마치 이성적인 판단을 하는 사고 능력을 가장 먼저 버린 듯이 우리는 어느새 성큼성큼 더 깊은 어둠 속으로 발을 내딛는다. 이제부터는 아무것도 보이지 않고 아무 소리도 들리지 않는다. 그저 즐거움과 쾌락만이 존재한다. 그렇게 한동안은 행복하다.

이와 같이 우리는 누구나 어둠의 유혹에 너무도 쉽게 넘어갈 수 있는 힘든 삶을 살고 있다. 언젠가부터는 살고 있다는 말보다 버틴다는 말이 더 자연스러울 만큼 사회 속에서 어떻게든 살아남기 위해 버둥댄다. 그러나 더 가지기 위해, 뺏기지 않기 위해 힘겹게 지켜낸 루틴을 지속해서 반복하다 보면 어느 순간 소위 '현타(현실 자각 타임)'가 온다. 꼬박꼬박 밥을 먹고 이를 닦듯이 지켜온 일상이 무슨 의미가 있는 건지, 아니 의미가 있기는 한 건지 너무도 혼란스럽다.

이럴수록 우리는 길을 잃은 아이가 되어야 한다. 길을 잃었을 때 어떻게 대처해야 한다고 아이에게 말을 해 왔는지 떠올려 보자.

"아이야, 혹여나 엄마 손을 놓쳐 길을 잃게 되면 움직이지 말고 그 자리에 있어야 해. 그래야 엄마가 길을 되짚어 너를 찾으러 왔을 때 서로 길이 엇갈리지 않을 테니까."

나이를 먹고 어른이 되었다고 해서 이 말이 해당하지 않는다고 생각했다면 큰 오산이다. 부모의 보호를 받는 아이보다 나 자신을, 혹은 내가 사랑하는 사람들을 어떻게든 지켜야 하는 우리가 자유라는 명목하에 길을 잃을 가능성이 더 크기 때문이다. 게다가 그럴 때에 가보지 않은 길로 무모하게 들어선다거나, 평소 하지 않았던 행동들을 거침없이 한다거나 하는 선택은 더욱이 해서는 안 된다. 엄마 손을 놓쳐 길 한복판에서 떨고 있는 아이처럼 나의 일상이, 감정이 길을 잃었다면 바짝 긴장한 상태로 움직이지 말고 길을 잃은 바로 그 자리에서 주변을 돌아봐야 한다.

누구나 일탈을 꿈꾼다. 나 또한 일과 육아를 병행하는 일상이 힘에 부칠 때면 모든 걸 다 내팽개치고 도망가고 싶다는 생각을 하기도 한다. 하지만 그럴수록 내 자리에서 벗어나지 않고 서글픔을 잠재울 방법을 모색하며 때를 기다린다. 나에게도 남에게도 해를 끼치지 않고 살짝 지친 나의 의지와 감정을 일으켜 세우기 위한 충분하고도 정당한 일탈을 할 수 있는 그런 때를 말이다. 아무리 휘황찬란해 보여도 어둠은 어둠일 뿐이다. 어둠은 그저 모든 걸 검게 칠할 뿐이다. 그 누구도 이 사실을 잊지 않았으면 좋겠다.

삶을 어떻게 살아가야 할까

　우연히 생긴 공백과도 같은 시간에 가만히 잠식되다 떠오른 질문이었다. 답이 존재할 수 없는 질문이기에 누구를 상대로 던진 것은 아니었지만, 무심코 던진 돌멩이에 개구리가 맞아 죽는다는 말처럼 한 공간에 있던 남편은 나의 갑작스러운 질문에 당황한 기색이 역력했다. 그러나 그것도 잠시 그에게서 돌아온 답은 명쾌했다.
　"행복하게 살면 되지." 어떤 반박도 할 수 없을 정도로 맞는 말이었다. 하지만 곧 또 다른 의문이 내 머릿속을 휘저었다. "나를 행복하게 만드는 것은 무엇일까?" 너무도 당연하지만 그렇기에 가끔은 질리도록 식상한 답들이 손가락 사이사이 꿰어지다 허무하게 흘러내렸다.

　사람마다 행복을 느끼는 기준은 다 다를 것이다. 누군가에게는 가족이, 또 다른 누군가에게는 직장에서의 성과나 승진이 행복을 느끼게 하는 요소일 것이고, 명예나 재산과 같이 사회적 위치를 견고하게 해주는 것들이 행복을 준다고 생각하는 이들도 있을 것이다. 나 역시 다르지 않았다. 취업을 했을 때는 직업이 곧 행복이었고, 사랑을 할 때는 사랑이, 가정을 이루었을 때는 가족이 내 세상에 중심이자 행복에 근원이었다. 하지만 어느 순간 나에게 주어진 이름들로부터의 행복이 아닌 그저 나라는 사람 자체로서 만들어지는 행복이 소멸해 가고 있다는 사실을 깨달았다. 직장인이기 전에, 가족의 한 구성원이기 전에 존재했던 나라는 존재가 일상이라는 쳇바퀴 속에 파묻히면서 너무도 자연스럽게, 하지만 끔찍하게 벌어진 일이었다.

이 깨달음이 주는 충격을 있는 그대로 흡수할 자신이 없어 도피하고자 몇 개월에 걸쳐 읽고 있는 책을 펼쳤다. 책 제목은 《배움의 발견》. 500페이지가 넘는 엄청난 양을 제외하고라도 읽기에 결코 쉬운 책이 아니었다. 그런데도 중간에 덮어버릴 수 없었던 이유는 정부를 불신하고 공교육을 거부하는 부모 밑에서 십몇 년을 성장해 온 주인공이 어떻게 그 틀을 깨고 모두가 부러워하는 하버드 대학까지 이를 수 있었는지 궁금해서였다. 그런데 하필이면 이때 책에서 주인공은 드디어 끊임없이 자신을 괴롭히던 과거의 자신에게서 벗어나 진정한 배움의 기쁨을 깨달았다. 수동적이고 순종적일 수밖에 없었던 모든 것에서 벗어나 주체적인 자신으로 똑바로 설 수 있게 된 것이다. 그녀의 모습에 빠져드는 동시에 나는 다시 원점으로 돌아왔다. 그녀의 모습을 동경하면서도, 현실에서는 그녀처럼 내가 나로 살기 위해 어디서부터 시작해야 할지 전혀 감이 잡히지 않아 마음만 더 심란해질 뿐이었다.

나에게 맡겨진 의무에 최선을 다하며 내가 아끼는 사람들을 사랑하며 채워가는 삶이 잘못되었다고 생각하지 않는다. 그저 "결혼하고 아이가 태어나니까 내 이름으로 불려본 적이 거의 없는 것 같아~"라고 흔히들 말하는 것처럼 이름에서 끝나는 것이 아닌 나라는 존재가 희미해지고 있는 현실에 너무 무감각해지고 있는 것은 아닌가 하는 두려움이 조금 드는 것이다. 그리고 그 두려움 끝에 언젠가는 맛보았을 내가 내 손으로 만들어낸 행복이 채워지지 않는 갈증으로 끝끝내 나를 메마르게 할 것 같아 서글픈 감정이 고개를 든다.

여기까지 쓰니 결국 제자리걸음이다. 매년 그랬듯 늘 생각에 생각이 꼬리를 물다보면 그 끝은 짙은 회의감뿐이란 걸 알면서도 끝끝내 이탈하지 못하는 내 모습이란. 애잔해지는 마음을 잠시 누르고 주위를 감싸는 정적에 몸을 맡긴 채 천천히 고개를 저어본다.

너무 이르다. 이제 막 출발점에 섰을 뿐인데 언제 어디서 찾아올지 모르는 기회를, 희망을 미리 다 걷어차 버릴 필요는 없지 않나, 하는 생각을 하며 이미 한 달이 손쓸 새도 없이 지나가 버린 2023년이지만 남은 11개월 중 얼마간은 내가 나로, 당신이 당신으로 살 수 있기를 소망해 본다.

휴대폰 올가미

 게슴츠레 눈을 떴다. 사방이 조용했다. 모두가 잠든 새벽은 아니었다. 그저 내가 평소에는 집에 있지 못할 시간, 그래서 다른 이들은 집이 아닌 약속된 장소, 그러니까 직장이나 교육 기관에 있어야 마땅할 오전과 점심시간 사이였다. 나 역시 있어야 할 자리에 있어야 했지만 가지 못한 이유는 딱 하나였다. 그럴 수 없을 정도로 몸이 아팠다. 1년 365일을 돌아보면 이 시간에 집에 누워 있을 정도로 아픈 나날이 많지는 않았다. 하지만 뜻밖의 순간에 이런 신호를 마주하면 무시해서는 안 된다는 걸 직감적으로 알고 있었다. 흡사 생존 본능 같은 것이었다.

 시계를 다시 들여다보았다. 이제는 명백한 점심시간. 아이들이 아빠와 함께 현관문을 나선 것을 끝으로 기억이 없는 걸 보니 잠이 들었던 게 분명했다. 그런데 문득 겁이 났다. 내가 부스럭거리지 않으면 마치 공기마저 잠든 듯 생활 소음도 희미한 이 순간이 감격스러우면서도 불안했다. 당장 벌떡 일어나 불안의 근원을 찾아낼 수도 있었지만, 그저 다시 눈을 감았다. 하지만 얼마 지나지 않아 나는 냉장고 앞에 서 있었다. 물을 마시고 싶어 냉장고 문을 열려는데 익숙한 진동 소리가 들렸다. 마치 알람이라도 설정해 놓은 듯 반쯤 주기적으로 울리는 진동. 식탁 위였다. 그리고 모든 의문이 풀렸다. 내가 나 혼자 있는 조용한 이 귀한 시간을 있는 그대로 껴안을 수 없었던 이유. 바로 휴대폰이었다.

떨떠름하게 핸드폰을 열어 보니 열 몇 개의 문자와 몇백 통의 카톡과 직장과 집에 택배가 도착했다는 알람과 어떤 글귀보다도 혹한 모습의 광고 팝업창들이 한 번에 나를 덮쳤다. 그 옛날 폴더폰이라면 신경질적으로 뚜껑을 덮어 버렸겠지만, 그럴 수 없어 식탁에 그대로 엎어놓았다. 고요했던 머릿속에 금세 말로 형용하기 어려운 소용돌이가 쳤다.

대체로 우리의 삶은 정말 제한적이고 반복적이다. 일을 해서 돈을 벌고, 그걸로 사랑하는 가족을 부양하고, 조금의 여유가 생기면 아주 가끔 행복한 일탈을 하기도 한다. 여행을 가거나, 사고 싶었던 물건을 사거나. 언뜻 보면 순수하게 나의 의지로 나만의 욕구를 채워가는 것 같지만 자세히 들여다보면 우리는 끊임없이 무언가를 신경 쓰고, 어떤 것에 얽매여 헤어나오지 못한다.

그리고 그 중심에는 바로 휴대폰이 있다. 끊임없이 전달되는 소리 없는 대화, 홍수 같은 정보, 이어지는 업무들이 마치 끝끝내 아들을 놓지 못하고 파멸로 달려가는 엄마의 모습을 그린 영화 〈올가미〉처럼 우리를 옭아맨다. 사실 거창하게 '삶'까지 운운했지만, 단 하루

어쩌다 주어진 쉼의 시간조차 결국 휴대폰의 손아귀에서 벗어나지 못하고 있는 나 자신을 보며 느낀 좌절감이 이 모든 글자의 시발점이었다.

현재 이 사회에 살고 있는 일원이라면 연락의 용도이든, 정보의 수단이든 없어서는 안 될 휴대폰. 그러나 가끔은 없어도 될 것 같고, 없어야만 하는 순간에도 강한 존재감으로 우리를 제멋대로 뒤흔드는 휴대폰. 분명히 우리가 온전한 휴식을 위해 두세 시간, 혹은 반나절이나 한나절 정도 핸드폰을 꺼 놓아도 세상은 아무렇지도 않을 것이다. 그저 우리의 마음이 순식간에 덮쳐오는 불안을 이기지 못하고 지옥이 될 뿐. 곧 무슨 일이라도 벌어질 것처럼 안절부절못한 채. 냉장고 앞에 서 있던 나는 결국 다시 눕지 못했다. 그렇게 휴식도 끝이 났다.

괜찮다

　여름비인지 가을비인지 모를 비가 며칠을 원 없이 쏟아지더니 금세 날이 선선해졌다. 이제는 아침에 얇은 긴팔이 아니면 겉옷을 챙겨나가야 할 정도로 기온이 떨어져 여기저기서 기침 소리도 많이 들린다. 우리 집도 예외는 아니었다. 아이들의 숨소리가 심상치 않은 것을 감지하자마자 병원으로 향했고, 역시나 감기 초기라는 진단을 받았다. 약을 처방받았으니 더 이상 심해지지 않겠지, 그런데 혹시 갑자기 열이라도 나면 또 연가를 써야겠네, 연가는 며칠이 남았지 등등 꼬리에 꼬리를 무는 생각 때문에 마음이 복잡한 나와 달리 병원 간호사가 준 비타민 하나에 신난 아이들을 보니 절로 한숨이 나왔다. 우리 아이만 아픈 것도 아니고, 환절기에 감기 걸리는 게 엄청나게 큰일도 아닌데 그럼에도 늘 반복되는 이런 상황들이 때때로 지나치게 나를 짓누르는 느낌이 들 때가 있다.

　그날이 그랬다. 머리와 마음이 차라리 텅 비어 있었다면 나를 뭉개지 못해 안달 난 삶의 무게를 어떻게든 버텼을 텐데, 이미 분변의 냄새보다도 지독한 삶의 찌든 내로 가득 찬 가슴속에 아이들과 함께 들어선 약국에서 풍겨오는 익숙한 약 냄새까지 섞이자 진짜 모든 걸 토해내고 싶었다.

그때, 바로 그녀가 떠올랐다. 한때는 같은 근무지에 일해서 매일매일 얼굴을 봤고, 가끔 같이 야근도 했고, 지친 하루를 끝내고 일터 밖으로 나와 진한 향의 커피를 함께 마셨던 그녀. 사회에서 맺는 인간관계가 다 그렇듯이 서로의 자리가 바뀌자 자연스럽게 함께하는 시간이 줄었지만 그럼에도 잊을 만하면 연락해서 얼굴을 마주했던 그녀였다. 하지만 그렇다고 해서 엄청나게 가까운 사이라고 하기에는 어정쩡한 관계의 그녀가 그 순간에 왜 생각이 났을까. 아마 그녀 특유의 긍정 에너지 때문이었을 것이다. 그녀는 내가 아이들을 제대로 키우고 있는지 모르겠다, 우리 아이는 왜 이런 행동을 하는지 당최 무슨 생각을 하는 건지 모르겠다며 육아의 고충을 털어놓을 때마다 우리 아이의 변호사인 것처럼 아이는 당연히 그런 거다, 아이를 믿어라, 아주 잘 크고 있다며 말해 주곤 했다. 다른 얘기를 할 때보다 더 확신에 찬 얼굴로, 꼭 내 눈을 똑바로 보고 말해 줬기에 약간 당황스럽기도 했다. 그런데 그런 그녀의 확언은 그녀를 만났던 그 순간보다 헤어지고 나서 며칠이 흐른 후에야 진한 여운으로 슬그머니 내 마음에 떠오르곤 했다. 특히 내 아이를 향한 어떤 부정적인 평가나 말들이 들려오거나, 아이의 돌발 행동으로 너무 황당해서 열이 뻗쳐오를 때는 미친 듯이 솟는 화를 잠재우는 소화제 같은 역할도 해 주곤 했다. 그날도 그랬다. 한번 가라앉은 마음이 영 올라오지 않아서 해맑게 방방 뛰던 아이들이 약국을 나와 슬슬 내 눈치를 보기 시작했을 때, 그녀의 말이 떠올랐다. 아주 잘 크고 있다는 말. 우리 아이만 그런 게 아니라는 말. 괜찮다는 말.

그래서 문득 생각해 보니 그녀를 만난 지 너무 오래되었다는 사실을 깨달았다. 오래간만에 연락이나 해 볼까, 싶다가 가만히 휴대전화를 식탁 위에 내려놓았다. 무소식이 희소식이라고 잘 지내고 있겠지, 하는 막연한 생각은 아니었다. 언젠가 그녀와 나는 그동안 만나지 못했던 시간이 무색할 정도로 뜬금없이 만나 이런저런 이야기를 한 보따리씩 풀어놓겠지만, 그전에 서서히 불어오는 가을바람에 지치고 얼룩진 내 마음부터 잘 말려야 한다는 걸 알고 있었기 때문이다. 누구나 괜찮다는 말은 해줄 수 있다. 하지만 한결같이 괜찮다 해주었던 사람에게서 들으면 그 선한 영향력은 무척이나 강한 힘을 발휘한다. 그렇기에 그녀의 "괜찮다."라는 말이 간절한 요즘이다. 한 걸음 더 나아가 언젠가는 나도 누군가에게 그런 사람이 되어줄 수 있기를 희망한다.

무엇을 위해 사는가

　언젠가 친정 엄마와 함께 여행길에 오른 적이 있다. 살짝 긴장되는 마음으로 탑승한 관광버스에는 엄마 나이 또래의 분들이 자리를 가득 메우고 있었다. 웬 젊은이가 다 왔냐는 시선을 온몸으로 받으며 겨우 배정된 자리에 앉았는데 대각선으로 한 할아버지가 눈에 띄었다. 모두가 옆자리에 앉은 친구, 가족, 지인과 간식을 먹으며 대화하고 있는데 혼자 오셨는지 버스 창문을 통해 바깥 풍경만 뚫어지게 보는 모습이 괜히 짠해 보였다. 그리고 그 순간 옆에서 이것도 먹어봐라, 저것도 먹어 봐라, 말씀하시는 친정 엄마의 목소리가 희미해지며, 수년 전 마주했던 또 다른 할아버지가 떠올랐다.

　공직 생활에 입문하기 전, 사회복지사 자격증을 따기 위해 외곽의 한 요양원으로 두 달간 실습을 나갔었다. 그곳에는 어두워진 귀 때문에 늘 엄청나게 큰 목소리로 말씀하시는 한 할아버지가 계셨는데 너무 시끄러워서 모두가 할아버지를 피하는 분위기였고 나 역시 할아버지가 어떤 말씀을 하실 때마다 머리가 울리는 느낌에 굳이 가까이 가지 않았다. 그런데 하루는 요양원에 들어가자마자 한 요양보호사 선생님이 오시더니 오늘은 아무것도 하지 말고 그 할아버지의 말 상대만 해주면 된다고 하시는 게 아닌가. 너무 당황스러워서

어버버하고 있는데 정신을 차려보니 어느새 나는 그 할아버지의 방에 들어가 있었다. 그리고 할아버지는 얼이 빠진 채 앉아 있는 나를 보며 마치 지인을 만난 듯 자신의 얘기를 풀어놓기 시작하셨다.

불과 십몇 년 전까지 공직 생활을 하셨다는 할아버지는 젊은 시절 꽤 많은 공적을 이루신 듯했다. 아주 자랑스럽게, 한편으론 비장하게 말씀하시는 할아버지의 자서전 같은 이야기를 한참 동안 듣다가 불현듯 마음이 울컥했다. 조직 내에서 누구에게나 인정받고, 박수 받았다던 할아버지가 어쩌다가 아무도 찾아오지 않는 요양원에서 애물단지 취급을 받게 되었을까. 이러다 지금처럼 자신의 공적에 대해서 계속 반복해서 말씀하시다가 자신의 삶을 정리할 시간도 없이 허무하게 돌아가시는 건 아닐까. 할아버지가 한평생 살면서 놓친 것은 무엇일까. 우리가 살면서 절대적으로 놓쳐서는 안 되는, 궁극적으로 추구해야 하는 것은 무엇일까. 생각이 꼬리에 꼬리를 물다 보니 어느새 점심시간이 되었다. 할아버지는 요양 보호사의 안내를 받아 식당으로 향하셨고, 나에게 했던 이야기를 처음부터 다시 보호사 선생님께 되풀이하시는 목소리가 점점 멀어져 갔다.

"아아"로 시작되는 안내 방송에 정신을 차려 보니 어느새 첫 휴게소에 도착해 있었다. 엄마와 함께 화장실로 향하는데 저 앞에서 아까 그 대각선 방향에 앉아 계시던 할아버지가 보였다. 내 예상대로 혼자 오신 게 분명했다. 모두가 즐거운 여행길, 유독 일관되게 무표정이었던 할아버지를 보며 수년 전 요양원에서 답을 내리지 못했던 질문들이 다시 머릿속을 가득 메웠다.

　나의 심신이 가장 보살핌이 필요할 때 무엇이 나를 끝까지 감싸 안아 줄 것인가. 지금 내가 아등바등 갖지 못해 안달한 그것이 과연 언제까지 반짝일 수 있을 것인가. 조금 먼 과거에도, 조금 가까운 과거에도 찾지 못한 답을 나는 미래의 어느 지점에서는 손에 쥘 수 있을까.

구름을 닮은 사람

 현관문을 여는 동시에 나를 덮쳐오는 엄청난 더위에 밖에 나갈 엄두조차 나지 않는 요즘이다. 마치 햇살이 내 피부를 때리는 듯한 여름의 강력한 기세에 거리에도 놀이터에도 사람의 인적은 찾아보기 어렵다. 그러나 이런 잔혹한 날씨에도 아랑곳하지 않고 하늘은 자신의 아름다움을 마음껏 뽐내고 있다.

 한동안 미세먼지로 어울리지 않는 노란색, 하얀색, 가끔은 검은색으로 물들었던 하늘이 요새는 그 본연의 색을 되찾은 듯 보인다. 하늘이 제 색을 찾아 파랗게 빛나니 덩달아 반짝반짝 빛나는 존재가 있었으니 바로 구름이다. 동화책에서 나올 법한 솜사탕 같은 구름이 뭉게뭉게 떠 있는 모습을 보면 피로에 눌려 있던 마음이 정갈하게 펴지는 듯한 느낌이다.

 하루는 방학을 맞아 한산해진 퇴근길에 운전하다가 푸른 하늘에 층층이 쌓여 있는 구름이 너무 아름다워 나도 모르게 육성으로 감탄했다. "세상에!" 아름다움을 위한 그 어떤 인위적인 노력 없이도 구름은 그 모습 자체로 충분했다. 그렇기에 아무렇게나 흩어져 있는 구름조차 한 폭의 그림처럼 보였다.

한참 자연의 아름다움에 폭 빠져 있다가 문득 떠오른 사람들이 있다. 존재만으로도 빛나는 구름을 닮은 이들. 여기저기서 들려오는 "이 정도 나이에는 명품백 하나 정도는 있어야 해, 차도 아무거나 몰고 다니면 체면이 영 안 서잖아"와 같은 시답잖은 소리를 그들은 굳이 귀담아 듣지 않는다. 마트에서 받은 에코백을 들고, 트럭이 지나가면 지진이 난 듯이 흔들리는 소형차를 몰고 다녀도 내면의 풍족함이 흘러넘치기 때문에 덧없는 유혹에 휘청거리지 않는 것이다. 그리고 너무도 당연하게 이런 사람들 곁에는 늘 사람이 북적거린다. '끼리끼리'라는 말이 예쁜 말처럼 느껴질 지경이다.

또한 그들은 더 아름답기 위해 더 뛰어나기 위해 무언가를 무리하게 걸치거나 들지 않으며, 불편함을 감수하면서까지 어떤 무리에 소속되기 위해 노력하지 않는다. 그저 구름처럼, 자연스럽게 흘러가는 대로 하루하루를 채워가며 삶을 이뤄간다.

나의 삶을 되돌아본다. 나는 과연 구름 같은 사람인가? 보이는 것에 집착하지 않고 보여주기 위해 아등바등하지 않기 위해 나 자신을 조용히 채워가고 있는지 생각해 본다. 아직 갈 길이 멀었다고 내 양심이 속삭인다.

나 자신을 아름답게 치장하고 아름다운 것을 소유하고 싶은 마음은 아마 모두에게나 있을 것이다. 하지만 그것이 스스로 원해서, 그리고 행복해지기 위함이 아니라 세상이 만들어 놓은 잣대에 맞추기 위해 누군가의 부러움을 사기 위해 만들어진 욕구라면 한 번쯤은 되돌아볼 필요가 있다. 다수가 불문율인 양 만들어 놓은 잣대를 거스르며 사는 삶이 쉽지는 않겠지만, 그만큼 그 잣대를 맞추기 위한 애씀이 어떤 결과물을 만들어낸 후 몰려올 허무함 또한 감당하기 어려울 수 있기 때문이다.

이제 여섯 살인 우리 딸이 솜사탕을 먹다가 이런 말을 한 적이 있다.
"엄마, 하늘에 떠 있는 구름도 솜사탕처럼 알록달록하면 얼마나 예쁠까?"

아이의 순수한 생각에 잠시 가만히 서서 하늘을 보며 알록달록한 구름을 상상해 보았다. 깨끗한 하얀색에 분홍이 스며들고, 노랑이 스며들고, 보라가 스며든 구름을 상상하니 그 또한 나쁘지 않을 것 같다. 하지만 어디까지나 하얀색의 구름이 그 색을 완전히 잃어버리지 않았을 때 다채로운 구름도 아름다울 것이다. 하얀색 구름의 모습이 생각나지 않을 정도의 원색의 분홍색 구름, 노란색 구름, 보라색 구름을 생각해 보라. 과연 아이의 말대로 예쁘기만 할까?

오늘도 끝이 안 보이는 하늘에 조물주가 아무렇게나 뿌려놓은 듯한 구름은 여전히 아름답다. 나라는 존재도 나의 삶도 구름을 닮아 가길 소망해 본다.

완전한 타인

아이들을 재우고 난 후 무엇을 하냐는 질문에 무심코 책을 읽는다고 했더니 모두의 눈빛에 놀람이 비친다. 잠깐의 놀람이 지나고 나면 기다렸다는 듯이 질문이 쏟아진다. "무슨 책?", "피곤하지 않아?", "드라마 안 봐?" 답은 간단하다. 근무와 육아가 모두 끝나면 몸이 천근만근이라 아이들과 같이 잠들기 일쑤고, 드라마는 취향에 맞지 않아 안 본다. 그들은 내가 책을 읽는다는 사실에 너무 집중한 나머지 아주 중요한 진실 하나를 간과했다. 그 횟수가 내 마음처럼 많지 않다는 것이다.

그러나 사실, 진실은 이 대화에서 의미가 없다. 내가 책을 읽는다고 말하는 순간 그들의 머릿속에 나는 책을 읽는 행위를 통해 엄청난 지성을 추구하는 사람(혹은 이미 책을 통해 광대한 지식을 얻은 사람)처럼 인식됐기 때문이다.

가만히 생각해 보면 한 사람에 대한 잘못된 프레임이 얼마나 쉽게 씌워지는지 알 수 있다. 내가 책을 읽는 이유는 그들이 기대하는 바와 전혀 다를 수 있다. 지식이나 지성과는 거리가 멀게 그저 재미있어서 읽기도 하고, 아이가 책과 가까이했으면 하는 마음에 솔선수

범의 모습을 보여주고자 읽기도 한다. 읽다 보면 부수적으로 알게 되는 것들이 많지만 책을 읽는 행위만으로 내가 누군가의 놀라움을 살 정도의 사람이 될 수는 없다.

그들의 반응을 전혀 이해 못하는 것은 아니다. 나 역시 살면서 다른 사람에게 잘못된 선입견을 가졌던 경우가 왕왕 있었기 때문이다. 예를 들면 알고 지낸 지 얼마 되지 않은 사람이 나는 차마 엄두도 못 낼 두꺼운 인문학 책을 읽는 모습을 보고 '와, 저 사람은 머리가 진짜 좋은가 봐'라고 감탄하기도 했고, 늘 친절하고 예의 바른 어떤 사람을 보고는 '저 사람은 정말 법 없이도 살 거야, 어쩜 저렇게 깍듯할까'라고 생각했다. 하지만 나의 착각이었다. 전자의 사람은 그저 나와 독서 취향이 다를 뿐 일머리가 좋다거나 센스가 뛰어나거나 하는 것과는 거리가 멀었고, 후자의 사람은 어디에 내놔도 부끄러울 비밀을 가슴 깊이 숨겨두고 사는 사람이었다.

이쯤 되면 사람에 대한, 인간에 대한 깊은 회의감이 든다. 나 자신의 본연의 모습이 아닌 자신들이 만든 모습으로 바라보는 사람들 때문에, 또한 내가 잘 안다고 생각했던 사람에게서 전혀 예상치 못한 비밀이 새어나올 때마다 어떤 사람을 믿을 수 있는가, 도대체 나를 어떻게 생각하고 있는 것인가 하는 절망이 내면에 조금씩 쌓여 곧 침몰해버릴 것 같기도 하다. 하지만 희망이 없는 것은 아니다.

작가 김영하는 저서 《말하다》에서 이런 말을 했다. '마흔이 넘어서 알게 된 사실 하나는 친구가 별로 중요하지 않다는 거예요. 잘못 생각했던 거죠. 친구를 덜 만났으면 내 인생이 풍요로웠을 것 같아요. 쓸데없는 술자리에 시간을 너무 많이 낭비했어요. 맞출 수 없는 변덕스럽고 복잡한 여러 친구의 성향과 각기 다른 성격 이런 걸 맞춰주느라 시간을 너무 허비했어요. -중략- 이런저런 이유로 결국은 많은 친구와 멀어지게 되더군요. 그보다는 자기 자신의 취향에 더 귀 기울이고 영혼을 좀 더 풍요롭게 만드는 게 더 중요한 거예요.'

작가의 말대로 올 한 해는 남들이 보는 나, 직장을 옮기거나 인사발령이 날 때면 기다렸다는 듯이 만들어지는 소문 속의 나의 모습에 일희일비하기보단 진정한 나의 모습, 나의 영혼을 가꾸는 데 집중해 보고자 한다. 주위를 살피며 내가 사랑하는 사람들, 아끼고 놓치고 싶지 않은 사람들을 보듬고 사랑하되 나의 일부만 보고 섣불리 판단하는 좁은 식견과 중도가 없는 인간관계는 걷어내려 노력하고자 한다. 그러면 나도 모르게 누군가에게 가졌던 기대, 당연히 그럴 것이라고 생각했던 어떤 부분으로 인해 받을 상처가 조금은 옅어져 내 삶이 한결 평안해지지 않을까.

거울을 한번 보고 주변을 돌아본다. 어쩌면 당신이 아는 나와 내가 아는 당신은 완전한 타인일 수 있다.

비워야 할 때

그 어느 때보다 고요했던 어느 날 밤, 비장한 마음으로 집을 둘러보았다. 아이들과의 추억이 빼곡히 담겨 있던 탓에 차마 버릴 수 없어 미련하게 가지고 있던 세월 동안, 숨길 수 없었던 무게감에 집안을 숨 막히게 했던 오래된 전집들에게 마침내 이별을 고해야겠다고 마음먹은 날이었다.

책장에서 한 권, 한 권 꺼내 박스에 담을 때마다 누가 필름이라도 돌리듯 아이들을 무릎에 앉혀서, 소파에 나란히 앉아서, 교자상을 펴놓고 둘러앉아서, 이부자리에 쪼르르 누워, 때로는 웃음을 터뜨리며, 가끔은 눈물도 지으며 함께 읽던 순간들이 떠올랐다.

희미한 거실 등 아래에서 "이 책은 진짜 많이 읽었는데, 이 책은 딸이 정말 좋아했던 책인데"라며 아쉬운 마음에 계속해서 중얼거리는 나를 보며 보다 못한 남편이 한마디 건넸다. "비워야 다시 채울 수 있지." 단조로운 남편의 말에 서운한 감정이 금세 마음을 물들였지만, 그것도 잠시였다. 너무나도 옳은 말이었기 때문이다. 게다가 주기적으로 도서관에서 빌려오는 새 책들 때문에 이미 아이들에게는 '옛날 책'이 되었기에 다시 재미있게 읽어줄 누군가에게 주는 것이 도리라는 걸 오래전부터 느끼고 있었다. 그동안 애써 외면했을 뿐. 그렇게 박스에 담긴 몇십 권의 책들은 새 주인을 찾아 떠나갔다.

　항상 빈틈없이 차 있던 책장이 널찍해진 모습에 며칠은 마음이 허전했다. 하지만 시간이 흐를수록 허전했던 마음은 조금씩 줄어들고 후련한 기분이 차올랐다. 그리고 책을 치운다고 해서 아이들과 함께한 시간이 사라지는 건 아니라는 당연한 사실도 뒤늦게 깨닫게 되었다. 한결 가벼워진 마음으로 책장의 빈 곳을 어떤 새로운 책으로 채울까 고민하다 문득 어느 시절이 떠올랐다.

　이제는 어느 정도 시간이 흐른 일이다. 사소한 오해가 쌓이고 쌓여 결국 관계가 흐트러진 이들이 있었다. 분노와 서러움, 비난과 사과가 엉망진창으로 뒤섞인 대화 끝에 오해는 풀렸지만 한번 틀어진 관계는 이전으로 돌아갈 수 없었다. '죽마고우'나 요즘 말로 '찐친'이라고 부르기에는 무리가 있었지만 그래도 함께한 세월이 오래된 만큼 같이 만들어온 추억도 많았기에 그 모든 과정은 나에게 꽤 큰 상처로 남았다. 하지만 더 힘들었던 건 그 이후로도 여전히 어설프게 엮여 있는 나와 그들과의 관계였다. 그런데 그때 남편의 말을 빌려 책장이 말을 걸어왔다.

"비워야 다시 채울 수 있지."
　그랬다. 내가 비워야 할 것은 책뿐만이 아니었다. 지금껏 너무도 힘들게 억지로 붙잡아 온 인연들을 이제는 비워내야 할 때였다. 살다 보면 정말 셀 수도 없이 많은 인연을 만나게 된다. 그 인연들의 무게를 이기지 못하고 요즘 말로 '손절'을 밥 먹듯이 하는 것도 결코 좋은 방법은 아니지만, 나 자신을 한편에 밀어 둔 채 다른 명분을 위해 괴로운 인연들을 이어가는 건 더 잘못된 선택일 것이다.

사람이 자연인이 되어 혼자 산에서는 어찌어찌 살아간다 해도 온갖 잡동사니가 가득한 쓰레기 집에서는 오래 버티지 못할 것이 눈에 선하기 때문이다. 그렇기에 끝내 정리하지 못했다면 결국 쓰레기가 되어 버려졌을 오래된 전집처럼, 함께했던 시간까지 악취가 나기 전에 이제는 힘들어진 인연들을 하나하나 비워 보려 한다. 언젠가 그 자리를 밝혀 줄 새로운 인연들을 기다리며.

비와 당신

 그런 사람이 있다. 우연히 마주한 어떤 상황들 속에 예상치 못하게 떠오르는 사람. 지금은 함께할 수 없지만 한때는 온 마음을 다해 서로에게 진득한 시간을 선사했던 사람. 나에게도 있다. 서로 안다고 말하기에도 애매하고, 모른다고 하기에도 어정쩡하지만 내 생에 둘째가라면 서러울 정도로 치열했던 수험 시절에 저 멀리서 버팀목처럼 서 있던 한 선생님이 있었다.

 투박한 외모와 강렬한 사투리, 무엇보다도 불의를 못 참고 나태함을 견디지 못해 가끔 수강생들에게 비수가 될 수 있는 말도 서슴없이 하던 그의 모습은 처음엔 충격 그 자체였다. 하지만 시간이 흐르고 그의 강의를 계속해서 듣다 보니 그의 열정에 조금씩 빠져들기 시작했다. 과목 특성상 많은 것을 암기해야 하기에 수험생들이 하나라도 더 기억할 수 있게 하기 위해 애를 쓰는 모습은 가끔 왜 저렇게까지 하는 걸까, 마치 모든 수강생이 자기 자식인 것처럼, 이라는 의문이 들 정도였다. 누가 이래라저래라 하는 걸 결코 선호하지 않는 나였지만, 차곡차곡 쌓인 그에 대한 신뢰를 바탕으로 수험 기간 내내 선생님의 말씀대로 코스를 밟았고, 나는 지금 이 자리에 있다.

가끔 온라인상에서 대화를 주고받았지만 나와 선생님의 관계는 가끔 생각나서 안부를 물을 정도로도 나아가지 못했다. 선생님은 그저 나에게 존경하는 선생님으로, 조금은 더 인연을 이어 가고 싶었지만 그렇게 되지 않았던 아쉬운 존재로 남아 있을 뿐이다. 그리고 그렇게 조금씩 기억에서 잊혀 갔다. 그런데 전혀 예상치 못한 곳에서 선생님이 아주 오랜만에 떠올랐다. 지난 연휴, 아이들과 찾은 한 유원지에서 우연히 어떤 팀의 공연을 보게 되었다. 보려고 한 건 아닌데, 갑작스레 내리는 비에 아이들과 황급히 들어간 곳이 지붕이 있는 야외 공연장이었고 마침 공연이 시작하려고 했다. 누가 들어도 감탄할 만한 유창한 실력의 노래 몇 곡이 끝나고 남자 가수가 본인을 정식으로 소개하기 위해 첫마디를 내뱉는 순간 나도 모르게 눈이 동그래졌다. 내가 몇 달을 귀에 못이 박이도록 들었던 선생님의 바로 그 억양과 말투였다. 사실 그 지역 출신이면 다 가지고 있을 아주 평범하고도 당연한 사투리이지만 나에게는 남달랐다. 그 시절의 내 모습과 늘 화면으로 마주했던 선생님의 모습, 그리고 시간이 흘러 기회가 닿아 얼굴을 마주했던 어느 날의 찰나와 같았던 순간들이 머릿속을 스쳐 갔다.

아련한 마음으로 공연을 지켜보고 있는데 무대 위에서 남자 가수가 관객들에게 신청곡이 있으면 말해도 좋다고 했다. 비는 여전히 추적추적 내렸다. 내리는 비와 생각나는 선생님. 노래를 듣다 잠든 아이를 안고 있느라 꽤 힘들었지만 애써 손을 들었다. 그리고 공연장에 울려 퍼진 나의 신청곡. '비와 당신'. 집으로 돌아오는 길에도 그 여운이 가시질 않아 핸드폰으로 동명의 노래를 틀자, 운전하던 남편이 지나가는 말을 툭 던졌다. "비가 오면 생각나는 사람이 많은가 봐." "그럼, 엄청 많지."라고 장난스레 말했지만 딱히 비가 와서 생각나는 사람은 없었다. 그저 어느 오랜 시절의 절박했던 나와, 그 절박함을 잘 알아주었던 선생님과, 그리고 그날 내렸던 비가 있었을 뿐.

여전히 파이팅 넘치게 자신의 자리를 지키고 있는 선생님이 오래오래 건강하시길, 노래를 부르며 행복해 보이던 그 남자 가수의 무대가 계속해서 이어지길 소망한다. 그리고 내리는 비에 당신과 나의 인연이 어디선가 또다시 이어지기를.

인간중독

늦은 밤, 잠이 오지 않아 까딱까딱 채널을 돌리다 우연히 〈인간중독〉이 방영되는 채널에 이르렀다. 주연 배우들의 연기도 시원찮고 배경도 내가 이해할 수 없는 아주 옛날이어서 보는 내내 기분이 언짢았지만 그럼에도 한결같이 불타오르고 절절한 남주인공의 사랑에 나도 모르게 빠져들기 시작했다.

남자의 사랑이란 뭘까에 대한 의문이 머릿속을 계속 맴돈다. 처음 느껴본 사랑에 자신 앞에 펼쳐진 탄탄대로와 같은 미래를 버리는 설정은 지루하기 짝이 없었다. 하지만 끝내 자신의 마음만큼 크지 않았던 여자의 마음을 확인하는 순간 자신의 심장을 향해 총을 겨눈 남주인공의 극단적인 행동은 어이가 없으면서도 신선하게 다가왔다. 가질 수 없는 사랑에 불타오른 자신의 심장을 향한 처절한 복수였을까. 세상에 진짜 이런 사랑이 존재할 수 있는 것일까.

잠시나마 한곳을 바라봤던 남녀의 끝은 극명하게 달랐다. 끝끝내 사랑을 놓지 못한 남자는 신원불명으로 죽음을 맞이했고 모든 것을 버릴 만큼 당신을 사랑하지 않는다고 내뱉은 여자는 소령의 아내가 되어 찬란한 삶의 주인공이 되었다. 머리끝부터 발끝까지 우아하기

짝이 없는 모습으로 삶의 마지막 순간까지도 자신을 잊지 못하고 죽어간 남자의 이야기를 들으며 오열하는 여주인공의 모습을 보며 나는 알 수 없는 분노의 감정을 느꼈다.

"네가 결국 한 남자의 인생을 망친 거잖아. 사랑 타령 하면서 한 남자의 마음을 송두리째 흔들어놓고 너를 위해 모든 것을 포기한 남자에게 네가 마지막으로 한 말은 뭐였어. 그 정도로 당신을 사랑하지 않는다는 거였잖아. 그 말을 내뱉을 때 이런 결과를 예상하지 못했나?"와 같은 비난의 분노가 아니었다. 어쩌면 여자의 선택이 현실과 더 가깝다는 진실에 수긍할 수밖에 없는 나 자신에 대한 분노였다.

나는 어떤 사람인가. 현실에 매몰되어 죽음까지도 불사하는 사랑이라는 감정을 아예 잃어버렸나. 아니 어쩌면 그런 감정을 느껴보기는 했었나. 어쩌면 분노라고 생각했던 감정은 나의 절망을 인정하지 못한 데서 기인한 것은 아니었나. 어쩌면 나와는 다르게 이 영화 속 남주인공처럼 나의 모든 것을 버리고, 목숨까지도 던져 버리며 숨을 쉴 수 있는 마지막 순간마저도 내가 사랑하는 이의 얼굴을 한 번이라도 더 보고자 하는 절박한 사랑이 어딘가에 존재할 수도 있겠지.

연기는 어설펐어도 남주인공의 투박한 사랑이 너무도 안쓰러워

한동안 기억에 남을 영화 〈인간중독〉. 남주인공의 제안대로 여주인공과 태국으로 도망갔으면 둘은 행복했을까. 남주인공의 죽음을 알게 된 소령의 아내, 여주인공은 남은 생을 어떻게 살아갈까. 수많은 의문들이 든다. 허구의 이야기인 영화이지만 어쩌면 나의 이 질문들이 감독이 관객에게 던진 질문은 아닐까, 하는 생각도 해본다.

"나는 당신을 안 보면 살 수가 없어. 잠을 잘 수도 없고, 뭘 먹어도 먹히지 않고, 무엇보다도 숨이 안 쉬어져."

남주인공이 죽음을 선택하며 마지막으로 남긴 말이 가슴을 저릿하게 한다. 이런 사랑을 해보고, 잠시나마 행복했지만 끝내 버림받은 남주인공보다 벼랑 끝으로 내몰릴 일 없는 사랑을 하며 평생을 보장받는 우리가 더 낫다고 할 수 있을까. 삶이 너무나도 간절한 나는 영화 속 여주인공이 된 것처럼 그녀가 선택한 길을 따라가겠지만, 그럼에도 계속 뒤돌아볼 것만 같다. 질척질척하게 남아 있는 무언가를 향한 나의 미련만이 볼품없이 버려진 내가 지나온 길을.

5부

당신을 향한

위
로

당신의 빛나는 '라떼'

'라떼'가 식기도 전에 '라떼'가 나올 만큼 세상이 빠르게 변하고 있다. 흔히들 "라떼는 말이야"라고 하면 옛날 사람 취급을 하는데 도대체 어느 순간을 기점으로 너는 옛날 사람이고 나는 지금 사람이 되는지 알 수가 없을 정도다.

한번은 지인들과 이야기를 하다가 좋아했던 가수 얘기가 나왔다. 나는 신이 나서 한때 너무나도 사랑했던 조성모 이야기를 꺼냈다. 그런데 잠자코 듣고 있던 한 지인이 물었다. "조성모가 누구야?" 순간 그 공간을 가득 메운 정적이 모두의 당혹스러움을 표현하고 있었다. 하지만 그 누구도 아무 말도 하지 않았다. 어떤 말이든, 꺼내는 순간 '라떼'를 찾는 옛날 사람이 된 것 같은 기분을 피할 수 없을 테니까. 하지만 사실 나는 옛날 사람이 맞다. 층층이 쌓여 있는 윗세대에서 보면 나 역시 햇병아리일 뿐이지만 언제부터인가 나는 화제의 드라마도 안 보고, 유행하는 노래도 듣지 않는다. 방탄소년단은 그 무대를 넓혀 세계로 나아가고 있는데 나의 플레이리스트는 좁고 깊숙한 곳으로 향하고 있다. 코요태의 '순정'은 전주만 들어도 흥얼거리지만 '오마이걸'의 신곡은 처음부터 끝까지 들어도 누구의 노래인지도 알지 못하는 것이다.

게다가 나는 아직도 책방에 가서 오늘은 내가 좋아하는 작가의 어떤 신간이 나왔나, 요새 잘 팔리는 베스트셀러 책은 무엇인가 궁금해하며 손으로 만지고 눈으로 보며 책을 고르는 것을 좋아한다. 그렇게 구입한 책을 설레는 마음으로 한 장 한 장 넘기며 읽는 시간에 행복감을 느낀다. 하지만 주변을 돌아보면 많은 이들이 핸드폰으로 전자책을 구입해서 읽고 있다. 책방에 가는 것도, 종이책을 읽는 것도 '라떼'가 되는 것만 같아 기분이 묘하다.

그럼에도 우리의 라떼는 반짝반짝하다. 언젠가 어떤 엄마의 글을 읽은 적이 있다.

"제가 어렸을 때 동요 〈악어떼〉로 유치원에서 노래 대회를 나갔었거든요. 그런데 어느 날부터 저희 아이가 유치원에서 장기자랑을 한다며 〈악어떼〉를 틀어놓고 율동을 하는 거예요. 옛날 생각도 나면서 어찌나 마음이 뭉클하던지요."

시간이 오래 지났다고 해서, 지금 시대와는 맞지 않는다고 해서 본연의 아름다움까지 사라지지는 않는다. 물론, 나의 어릴 때에는 카세트테이프에서 나왔던 동요가 지금은 비록 뽀로로, 콩순이와 같은 캐릭터들이 율동하며 시대에 맞추어 조금은 리메이크된 버전으로 나오고 있지만, 그럼에도 우리의 라떼 동요는 여전히 지금의 아이들에게 사랑받고 있고 더 나아가 그들의 미래에 아름다운 배경

음악이 될 것이다.

  그래서 나의 '라떼', 우리의 '라떼'를 조금 더 나아가 나의 엄마 세대 '라떼'까지 있는 그대로 인정하고 들어줄 수 있는 넓은 마음을 가져 보고자 한다. 물론 누군가 '라떼'를 무기 삼아 나에게 어떤 것을 강요하거나, 지금 세대가 정당하게 누리는 복지와 혜택을 비하한다면 "똥이 무서워서 피하나 더러워서 피하지"와 같은 옛말을 충실히 따라야 할 것이다.

  하지만 부모님이 "라떼는 말이야, 핸드폰이 어디 있어, 좋아하는 사람 생기면 삐삐 치고 연락 올 때까지 기다리는 거지" 하고 빛나던 당신들의 청춘을 회상하거나 직장에서 만난 나이 지긋한 직원분이 "라떼는 말이야, 육아 휴직이라는 게 어디 있어, 출산 휴가 3개월 하면 복직하는 거지"라고 말하며 지금 우리가 당연하게 누리는 것들을 부러워하면 "어우~ 옛날 사람, 진짜 호랑이 담배 피우던 시절 얘기를 왜 지금 하고 그래요"라고 날을 세우기보단 "그러게요. 세상이 참 좋아졌죠. 그래도 그 시절에는 그 시절만의 낭만이 있지 않았나요?" 하고 말해 보는 건 어떨까? '지금'이 '라떼'가 되는 건 결국 시간문제일 테니.

예의와 꼰대 사이

 어느 순간부터 거리에서, 카페에서 흘러나오는 노래들이 너무 낯설다. 너무 유명해서 모르면 간첩인 몇몇 노래를 제외하곤 노래 제목은커녕 가수가 누구인지도 모르겠다. 그래서 어쩌다 요새 잘 나가는 가수가 리메이크한 90년대 노래가 흘러나오면 그렇게 반가울 수가 없다. 이런 변화들이 평소에는 아무렇지 않다가도 가끔 한 번씩 아직 불혹에도 미치지 못한 나이에 너무 시대에 뒤쳐지는 게 아닌가 하는 생각이 들 때면 울적해지기도 한다. 그런데 내가 도통 감을 못 잡는 것이 이뿐만이 아니다. 요새 나를 가장 혼란스럽게 하는 것은 바로 '꼰대' 문화이다.

 '꼰대'라는 단어를 국어사전에서 찾으면 '권위적인 사고를 가진 어른들을 비하하는 학생들의 은어'라고 나온다. 문장 그대로 의미만 본다면 어려울 것이 하나도 없다. 하지만 그 상황에 처하면 말한마디에서 행동 하나까지도 주춤하게 된다.

 예를 하나 들어보자면, 한번은 지인으로부터 분노에 가득 찬 카톡 메시지가 줄줄이 도착했다. 내용의 요지는 이러했다. 자신이 팀장으로 있는 팀에 있는 사원이 자기가 출근하기 전에 집에 급한 일이 생겨 자신보다 높은 상사에게 복무를 달고 나갔다고 한다. 급한 일이라고 하니 이해하고 근무를 하는데 점점 기분이 나빠졌다는 것이다. '하루 종일 일 처리를 한 건 아닐 텐데 어떻게 전화는 고사하고 문자 한 통도 안 하지?'라는 생각이 들었고, 퇴근 시간이 다 되도록 깜깜무소식인 게 아주 괘씸해서 어떻게 해야 할지 모르겠다며 나의 생각을 물어왔다.

  이야기를 쭉 듣다 보니 지인의 말이 맞는다는 생각이 들었다. 그래서 "맞네, 문자 하나 보내는 게 뭐가 어렵다고. 예의가 없네" 하고 맞장구를 치다가 문득 멈칫했다. 순간 내가 꼰대가 된 것 같았기 때문이다. 어쩌면 그 사원은 내일 출근해서 팀장님께 자초지종을 설명해야겠다고 생각했을지도 모른다. 그래서 당일에는 연락을 해야겠다는 생각조차 하지 못했을 수도 있다. 여기까지 생각이 미치자 내가 진짜 꼰대라도 된 양 시무룩해지면서 동시에 굳이 이렇게까지 생각해서 이해를 해줘야만 하는 건지 회의감이 들었다. 그때, 마음이 통했는지 지인에게도 같은 생각의 톡이 날아왔다. "그런데 내가 내일 이 일을 가지고 사원한테 뭐라고 하면 분명 날 꼰대 취급하겠지?"

  십몇 년 전만 해도 당연한 예의라고 여겨졌던 것들이 지금은 '꼰대'라는 이름으로 하나둘 사라지라고 강요받는 것만 같아 마음이 복잡했다. 물론 회식을 강요하거나, 지나친 의전을 강조하는 진짜 권위 의식에는 '꼰대'라는 은어라도 던져 바로잡는 것이 맞다. 하지만 지금의 젊은 세대와 사고방식이 다르다는 이유만으로 이것도 저것도 다 '꼰대'로 치부해 버린다면 곧 우리 사회는 엄청난 세대 간 충돌을 겪게 될 것이다.

 20대와 30대, 40대와 50대, 그리고 60대 이상이 살아온 세대는 제각각 다르기 때문에 서로가 서로를 완벽히 이해한다는 것은 애초에 불가능하다. 그렇다고 세대별로 지역을 나누어 살 수도 없는 노릇이니 앞으로는 진정한 꼰대를 가리는 현명한 판단력을 키우는 데 집중해 보면 어떨까. 그럴 수만 있다면 젊은 세대는 그들이 가진 자유로움과 개성을 눈치 보지 않고 맘껏 펼칠 수 있고, 기성세대는 더 이상 젊은 세대를 상대로 이유 없이 억울하게 위축되지 않아도 되는 세상이 선물처럼 찾아올 것이다.

더 이상 듣기 싫은 이름

 최근 한 드라마가 종영이 된 후에도 그 인기를 계속 유지하고 있다. 바로 학교 폭력 피해자가 일평생을 걸고 가해자들을 대상으로 한 복수에 성공한 모습을 그린 〈더 글로리〉이다.

 시청자들은 선공개된 시리즈를 보며 주인공이 속수무책으로 당하는 모습에 분노했고, 마침내 후 공개된 시리즈를 보며 간절히 바랐던 권선징악의 결과가 나오자 한껏 환호했다. 하지만 모든 사회적 현상에는 '이면'이 있듯이 이 드라마가 학교 폭력의 심각성을 알리는 데는 일조했을지 몰라도, 미처 신경 쓰지 못한 면이 있는 듯하다. 바로 드라마가 아닌 현실 속 동은이에 대한 배려이다.

 드라마의 인기가 절정으로 향해가고 있을 때, 우연히 현실판 동은이들이 드라마를 보고 눈물로 써 내려간 글들을 읽게 되었다. 그때 그 시절처럼 학교 폭력이라는 굴레가 자신의 삶을 망쳐 버릴까 두려워 꼭꼭 숨기고 살아가고 있다는 동은이, 그래서 주변에서 "더 글로리 봤어? 진짜 재밌어~"라며 굳이 내용을 말해줄 때마다 가슴이 철렁 내려앉아도 아무렇지 않은 척 호응해줄 수밖에 없었다는 동은이, 자신의 아픈 시절을 알고 있는 사람이 "드라마 보면서 그래도 간접적으로나마 통쾌하지 않았어?"라고 가볍게 건넨 질문에 "드라마는 드라마일 뿐, 현실에서는 그렇게 계획적이고 치밀한 복수가 가능하지도 않을뿐더러 가능하다고 하더라도 누가 자기 인생까지 포기하면서 복수에 올인할 수가 있겠어? 그저 묻고 사는 거야, 피해자의 삶은 그럴 수밖에 없는 거라고."라고 말했다가 지인과의 관계가 어색해지고 또 하나의 상처를 가슴에 새길 수밖에 없었다는 동은이까지.

이들은 하나같이 드라마가 자신들의 상처와 함께 그들을 평생 트라우마에 갇혀 살게 만든 연진이에 대한 기억까지 다 헤집어 놓았다고 울부짖고 있었다.

그들의 글이 마음에 내려앉자 드라마의 흥행과 함께 하나의 유행어가 되어 버린 '연진이'라는 등장인물의 이름이 거북해지기 시작했다. 누군가는 배우가 연기를 너무 잘해서, 누군가는 그 등장인물의 옷차림이 너무 멋있어서, 누군가는 드라마 자체가 너무 재미있어서 가볍게 부르는 그 이름이 다른 이들에게는 들릴 때마다 상처로 남는다고 생각하니 이제는 정말 그만했으면 하는 마음이다. 찬찬히 생각해 보면 비단 학창 시절 직접적인 폭력의 피해를 본 사람들만의 이야기는 아닐 것이다. 어찌 사람이 살면서 단 한 번도 '연진이'를 만나지 않을 수 있을까. 어린 시절 소위 '빵 셔틀', '심부름 셔틀'이란 이름으로 당한 괴롭힘을 시작으로, 성인이 되어서도 '갑질'과 '직장 내 괴롭힘'이라는 장애물을 피해 교묘하고도 치밀하게 나를 벼랑 끝으로 모는 상사, 혹은 후배와 동료까지 세상천지에 깔린 게 '연진이'일 텐데 말이다. 그런데도 많은 이들이 너무도 가볍게 '연진이'를 찾는다.

　물론 드라마는 드라마일 뿐, 이 드라마가 연진이의 악행과 동은이의 눈물로 얼룩진 세상을 깨끗이 씻어줄 거라는 기대는 애초에 없었다. 하지만 최소한 이 드라마가 '학교 폭력'이란 예민한 주제를 다룬 만큼 이 주제가 단순히 오락거리로 일정 기간 사람들 입방아에 오르내리다 사라지는 일만큼은 없어야 하지 않을까. 더 나아가 피해자에 대한 폭넓은 이해와 따뜻한 배려는커녕 가해자로 나온 인물의 이름만이 계속 언급되는 작금의 현상이 과연 옳다고 할 수 있을까. 다시 한번 생각해 볼 일이다.

공간의 잔혹함

큰 소리가 들렸다. 건물을 쩌렁쩌렁하게 울리는 남자의 목소리. 분이 가득 서려 있었다. 무어라 무어라 한참을 말했지만 목소리만 들려올 뿐, 무슨 말인지 알아듣지 못했다. 알아듣고 싶지도 않았다. 또 한 차례 폭풍이 불어닥치는가, 하는 걱정이 짜증이 되어 이미 가슴을 점령하고 있었기 때문이다.

문으로 가로막힌 저편에서 들려오는 고함 비슷한 소리가 사라지고 여자 목소리가 들렸다. 바로 내 옆이었다. 친절하게 그 남자에게 어떤 일이 생겼고 그 사달을 만든 사람은 또 다른 어떤 사람이며, 그래서 차후 그 남자가 이 일을 어떻게 처리할 거라고 얘기했다며 한참을 떠들었다.

쉽사리 닫힐 줄 몰랐던 그 입은 혼자 한참을 떠들다 갑자기 다른 이야기를 꺼냈다. 그 사달을 만든 사람이 처한 상황에 관한 설명이었다. 안쓰럽다고 했다. 내가 듣기에도 안쓰러웠다. 하지만 안쓰럽다는 감정이 해줄 수 있는 건 아무것도 없었다. 장발장이 용서받지 못했듯이, 그 사람도 용서받기는 힘들 거라는 게 우리의 결론이었다. 하지만 차마 입 밖으로 꺼내지지 않은 그 정답은 그저 우리 사이에 쏟아지는 말들 사이에서 길을 잃고 빙빙 돌고 있었다.

얼마간의 시간이 흐르고 끝내 그 정답을 껴안아야 할 남자를 보았다. 말간 얼굴, 천진난만하다 못해 가여워 보이는 그 모습을 보고 아주 잠깐이지만 내가 알고 있는 진실이 처음부터 끝까지 잘못된 건 아닐지 의심했다. 그는 밥을 먹고 있었다. 마치 아무 일도 없다는 듯이 숟가락으로 밥을 떠먹고, 젓가락으로 반찬을 집어 먹었다. 한없이 평온해 보였다. 야무지게 젓가락으로 된장국에 동동 떠 있는 두부까지 건져 먹는 모습을 보고 하마터면 웃어버릴 뻔했다.

또 한동안의 시간이 흐르고 화가 많이 녹은 듯한 남자가 들어왔다. 같은 공간, 같이 있지 말아야 할 두 존재가 얼마 되지 않는 공간을 사이에 두고 함께 있는 모습은 어딘가 매우 자연스럽지 않았다. 공간이 주는 잔혹함이 고스란히 느껴졌다.

이 중 한 명은 가해자이고, 한 명은 피해자일까. 아니면 그들은 서로에게 가해자이자 피해자일까. 꽤 오랜 시간 다른 정의로 이름 붙여진 그들이 이제는 한 공간에 있는 것조차 부자연스러워졌지만, 그 둘 중 어느 한 명을 위한 다른 공간은 없었다. 그들은 여전히 한 공간에서 숨 쉬고 움직이고 말한다. 눈을 마주치지 않고, 최대한 피하면서, 하지만 벗어날 수 없는 테두리 안에 갇혀 어쩔 수 없이 서로를 대하며 오랜 시간을 보낸다.

관계라는 것이 자의가 아닌 타의로 이루어지면 공유하던 공간이 사라지는 순간 자연스럽게 멀어지기 마련이다. 하지만 멀어진다고 하더라도 인생의 한 면을 함께했던, 그 이상도 그 이하도 아닌 적당히 불편하고도 어색한 관계로 남으면 그래도 성공이다. 그들은 어떨까. 누구도 인생에서 피해 갈 수 없는 한 시절을 함께했지만, 같은 공간을 소유해야만 하는 앞으로 남은 시간이 그들을 지긋지긋한 관계로 남게 할 것이다.

이 이야기는 결국 내 이야기일지도 모른다. 보고 싶지 않은 얼굴을 매일 마주해야 하는 현실, 그래도 한때는 이해로 넘길 수 있던 모든 것이 하나하나 신경을 곤두서게 만드는 상황, 이 모든 것이 공간을 같이 공유하기에 오는 괴로움이라면 나는 무엇을 할 수 있을까. 할 수 있는 것이 있기는 할까.

여러 명이 함께 쓰기에는 턱없이 부족한 공간만큼 내 마음도 더 이상 그 사람을 받아들이기에는 이제 한계점에 다다른 것을 부정할 수 없다. 그렇기에 나는 내가 있어야만 하는 이 공간이 미치도록 싫다. 도망갈 문은커녕 그 자리에 있어야만 하는 명분이 켜켜이 쌓여만 가는 공간의 한구석, 내 자리가 너무도 싫다.

원점으로 돌아간다. 그 남자와 말간 남자는 어떤 선택을 할까. 나는 어떤 결정을 내릴까. 다 부질없는 질문이다. 우리가 할 수 있는 것은 없다. 우리가 다 같이 그 공간에 있는 한, 그저 우리는 때때로

숨이 막히고, 마음이 막혀 죽을 것만 같을 때 가끔 뛰쳐나와 다시 숨을 쉬고 다시 들어가 그저 그렇게 시간을 보낼 뿐이다.

그래, 그럴 뿐이다. 우울해하며. 슬퍼하며. 분노하며. 좌절하며. 공간의 잔혹함을 견뎌낼 뿐이다.

그때가 아니어야 하는 말들
(2021년 수능이 끝난 후)

    때가 지나야만 빛을 발하는 말들이 있다. 우리는 모두 그런 말들을 꼭 필요한 순간에는 귓등으로 듣고 시간이 한참 흐른 후에야 아! 하고 깨닫는 과정을 반복한다.

    올해 수능이 끝난 지 열흘이 지났다. 누군가에게는 희망이 가득 찬 나날들이었을 테고, 누군가에게는 하루하루 시간이 지날 때마다 내 미래가 무너지는 듯한 절망적인 나날이었을 것이다. 포기하지 않고 끝까지 달려온 기특한 학생들에게 단지 인생을 살면서 통과해야 하는 관문을 하나 지났을 뿐이니 너무 좌절할 필요도 넘치게 확신할 필요도 없다고 말해주고 싶지만 나의 이런 말들이 당사자인 수험생들에게는 들리지 않을 것이다. 지금 당장은 눈앞에 나온 결과가 너무 커 보이기 때문이다.

    나 역시 그랬다. 벌써 10년도 더 지난 일이지만 그날이 또렷이 생각난다. 그날, 전국의 학교에서 쏟아져 나온 우리는 학교를 다니는 내내 수능 결과가 삶의 목표인 듯 살았었다. 그래서 인생의 절반 이상을 족쇄처럼 달고 다니던 수능에서 벗어나면 행복할 줄 알았지만 학교 밖에는 한숨이 가득했다. 간간이 울음소리도 들렸던 것 같다. 아마 그 눈물들 곁에서 누군가는 지금의 내가 지금의 그들에게 해

주고 싶은 말을 해주었을 것이다. 하지만 그 말들은 우리의 마음속에 내려앉지 못했다. 그랬기에 귀한 생명이 비극적인 뉴스의 대문을 장식하기도 했다.

　이와 같이 어떤 순간에 꼭 필요한 말은 그때가 지나야만 빛을 발할 수 있다는 법칙이 있는 것처럼 아이러니하게 세상은 돌아가고 굴러간다. 그럼에도 잊지 말아야 할 것은 그 어떤 것도 내 삶을 대체할 것은 없다는 것이다. 이 또한 지나간다는 유명한 말처럼 시간은 모든 것을 품고 간다. 아직 나 역시 인생의 중턱에도 도달하지 못했지만 수능과 취업, 그리고 출산과 육아를 겪으며 뒤늦게 깨달은 진리이다.

　그리고 새삼 부끄럽게도 이 모든 진리가 나 스스로 깨우친 것이 아닌 삶의 지점마다 누군가 선뜻 건네준 말들을 한참이 지나서야 떠올렸다는 사실을 이제는 더 이상 외면할 수 없다. 귀함이 귀하게 보일 수 없을 만큼 내 눈을 가리고 귀를 막았던 것들은 이제 흔적조차 보이지 않는다. 이제 갓 수능이라는 인생의 큰 관문을 지나왔음에도 우리의 수험생들은 몸과 마음이 매우 바쁠 것이다. 내게 주어진 결과에 만족할지, 한 번 더 도전할지, 어느 대학을 지원할지와 같은 중요한 결정들이 줄줄이 기다리고 있으니 말이다.

　하지만 그전에 주위를 한 번쯤 돌아보길 바란다. 당사자가 아님에도 당사자만큼, 혹은 당사자보다 더 많이 기도하고, 걱정하고 초조해했을 부모님, 항상 단호한 태도로 일관했어도 누구보다 열과 성의를 다해 지지해 주었을 선생님들이 보일 것이다. 그리고 그분들이 하는 말씀이 들릴 것이다. 물론 시절이 다르고 시대가 변했기에 도움이 안 된다고 느껴질 수 있으나 그 안에는 진주조개 안 보석처럼 삶의 지혜가 꼭꼭 숨겨져 있다. 귀 기울여 듣다 보면 먼 미래에 "아! 그때 그 당연한 말을 귀담아들었어야 했는데!" 하는 후회가 조금은 적어지지 않을까 싶다.

마지막으로 가장 하고 싶었던 말은 모든 수험생들, 그리고 부모님들과 선생님들 너무 고생 많았고, 훌륭하고 자랑스럽다는 말이다. 수능의 주인공들이 이 관문을 현명하고 당차게 통과하고, 그 통과한 힘으로 그들 앞에 펼쳐진 길고 긴 인생길을 씩씩하게 개척해 나가길 소망한다.

또 한 해를 보내며(2022년을 보내며)

　어느새 연말이다. 1년 열두 달 중 마지막을 차지하고 있는 12월이 벌써 스무날이나 지나가고 있지만 한 해를 돌아보기는커녕 하루하루 마무리해야 하는 일들에 치여 하루의 끝은 지쳐 잠들기 일쑤다.

　그럼에도 마음 한편 무겁게 가라앉아 있는 그 어떤 것에 대해 생각해 본다. 수천 일이 지나도 마무리될 수 없는 것들을 굳이 꺼내어 보는 것이다. 작년에도 재작년에도 나를 웃게 하고 울게 했던 그리고 앞으로 다가올 새해에 슬프게도 했다가 행복하게도 할 그것. 바로 사람이다.

　언젠가 무심코 바라본 핸드폰에 눈길을 끄는 알림이 하나 떴다. 작년 오늘, 그리고 재작년 오늘 내가 남긴 기록과 사진을 한 소셜미디어에서 보여주겠다는 내용이었다. 기록하지 않았다면 기억하지 못했을 나의 자취가 궁금해 클릭해 보니 여러 사람과 환하게 웃으며 그 순간을 행복이라 기록한 화면이 눈앞에 나타났다. 나도 모르게 꽤 한참을 뚫어져라 쳐다보았다. 지금의 나는 이 공간에서 사진 속의 나와 똑같은 웃음을 짓고 있는데 문득 내 옆자리를 차지하고 있던 누군가와는 이제 연락조차 부담스러울 정도로 멀어졌다는 사실이 천천히 하지만 확연하게 온몸을 휘감았다.

그때는 특별히 무언가를 하지 않아도 서로가 서로에게 존재한다는 사실만으로도 눈물짓고 웃음 짓던 인연들이 어쩌다 이렇게 되었을까, 뒤늦은 후회가 한숨으로 물밀듯 밀려나왔다. '시절 인연'이라는 말로 모든 것을 덮어버리기에는 이런 식으로 매번 잃어간 인연들이 너무 많은 것만 같아 가슴이 답답해져 왔다.

지나고 나면 아무것도 아닌 것들을 잡으려 아등바등하며 살아봤자 결국 인생은 잃고 잃고 또 잃는 것에 불과하다는 너무도 당연한 사실에 잠식해갈 때쯤, 누군가 나를 불렀다. 오랜 세월을 함께해 온 것은 아니지만 그래도 분명히 인생의 어느 시점, 그러니까 바로 지금, 이 순간을 같이 보내고 있는 또 다른 인연이었다. 그 사람을 보니 문득 잃은 만큼 새로 얻어진 나의 사람들이 눈에 들어왔다.

물리적으로는 멀리 있지만 마음을 한껏 다 퍼내어 준 인연들, 제한된 공간에서 제한된 관계를 맺을 수밖에 없어도 그 누구보다 서로를 잘 이해할 수밖에 없는 인연들, 그리고 몇 안 되어도 나라는 사람을 그대로 받아들여 주는 인연들까지. 새롭게 인연의 실타래를 엮기 시작한 사람들이 어느 순간 멀어져 간 사람들이 남기고 간 상실감과 절망을 걷어내 주지는 못했어도 그들 덕분에 무너져 내리지 않았다는 사실만으로도 문득 감사한 마음이 넘쳐흘렀다.

친구가 전부여서 교우관계가 어그러지면 삶의 의미를 놓아버리기도 하는 10대가 아닌데도 누구나 여전히 예고 없이 내 영역을 침범하는 이들 때문에 마음이 온통 다 휘청거릴 때가 많을 것이다. 가만히 돌아보면 나 역시 그 어떤 것도 사람보다 나를 미치게 하는 건 없었다.

가끔은 그런 사람과 한 공간에 있어야만 했고, 끊임없이 마주쳐야 했음에도 지금까지 버텨온 내가, 그리고 당신이 무척이나 안쓰럽지만 그만큼 또 기특하기 그지없다. 사람은 혼자 살 수 없다고 너무도 쉽게 말하는 누군가의 굴레 속에서 오늘도 내일도 빙빙 돌아야 하는 운명일지라도, 다가오는 새해에는 올해보다 사람이 사람에게 덜 상처이길 간절히 희망해본다.

삶은 끝나지 않는다(2023년 수능이 끝난 후)

아주 우연히 어떤 여성의 유튜브를 구독하게 되었다. 우연하다는 표현 앞에 굳이 '아주'라는 단어를 덧붙인 건 그만큼 정말 생각지도 못하게 접하게 된 한 영상 때문에 이제는 시간이 날 때마다 그녀의 영상을 보고, 마음으로 응원도 하는 구독자이자 팬이 되었기 때문이다. 그리고 지금은 가끔 삶이 지나치게 우울하거나 분노로 휩싸여 힘이 들 때 그녀의 모습을 떠올리면 마음 한편이 차분해지며 다시 정상궤도로 돌아오는 느낌이 들기도 한다.

그녀는 바로 20대의 루게릭병 환자다. 루게릭이라는 병명이 익숙한 사람보다는 낯선 사람이 더 많지 않을까 싶다. 나 역시 병명을 어디서 들어본 듯했을 뿐 정확하게 몰랐으니까. 그녀의 영상을 보며 루게릭병은 온몸의 근육이 차츰차츰 굳어가는 병으로, 진행될수록 사람이 살아가는 데 필요한 필수적인 근육들조차 굳어가며 결국 죽음에 이르는 잔인한 병이라는 걸 알게 되었다. 완치의 개념이 없기에 최대한 병의 진행 속도를 늦추는 것이 최선인데, 최선이 최악이 될 수 있다는 걸 영상 속 그녀의 일상을 들여다보며 뼈저리게 느꼈다.

감히 헤아릴 수 없는 당사자의 슬픔에, 죽음이라는 피할 수 없는 목적지를 향해 급행열차를 탄 듯이 하루하루가 아슬아슬한 그녀를 바라볼 수밖에 없는 가족들의 절망까지 얹어 언뜻 생각하면 영상이 매우 어두울 것 같지만 반전은 지금부터 일어난다. 그녀의 영상 속에서는 웃음소리가 끊임없이 들리고 희망은 매번 화면을 뚫고 넘칠 듯이 가득하다.

요 며칠 그녀의 영상을 많이 보았다. 수능 날짜가 다가올수록 마음이 불안했기 때문이다. 수험생이 아닌데도 언젠가부터 수능 시즌이 오면 나는 남모를 불안감에 휩싸이곤 했다. 아마 내가 수능 수험생이었던 그해, 1교시 국어시험이 끝나고 바로 자신의 몸을 하늘로 던진 한 학생의 소식을 들은 이후부터였던 것 같다. 아는 사람도 아니었고, 내가 시험을 쳤던 학교에서 일어난 일도 아니었지만 그 소식은 나에게 매우 충격적이었다. 수능의 무게가 삶의 의미를 넘어서는 현실에 깊은 회의를 느낀 것이다. 그리고 그 기억은 트라우마로 남아 이제는 수능 때문에 삶을 포기하는 수험생들의 소식이 거의 들려오지 않는 지금까지도 나를 초조하게 만들고 있다.

올해도 예외는 아니었다. 생각보다 한산한 출근길을 달리며 나 홀로 조용히 기도했었다. 제발 모든 수험생들을 지켜달라고. 그리고 다행히 올해도 무사히 지나간 듯하다. 누구도 별이 되지 않은 채. 하지만 비극적인 소식이 뉴스를 타고 흘러나오지 않았다고 해서 안심할 수는 없다. 누군가는 기대에 못 미치는 결과로, 생각지도 못한 실수로 인해 며칠이 지난 지금까지도 절망의 구렁텅이에서 헤매고 있을지 모르고, 누군가는 별이 되지 않았을 뿐 모든 것을 내려놓은 채 포기의 길로 들어섰을 수도 있다.

  나는 그들에게 루게릭병이라는 잔인한 병 때문에 서른을 목전에 앞두고서 걷는 연습을 다시 하고, 매번 엄마가 이를 닦아주는 등 혼자서는 아무것도 할 수 있는 게 없으면서도 항상 너무 예쁘게 웃고 있는 그녀의 영상을 한 편 추천해 주고 싶다. 그리고 내가 그랬듯 삶은 끝날 때까지 끝난 게 아니라는 여운이 그들 가슴 깊은 곳에 파고들어 수능의 결과가 앞으로의 삶을 쥐고 흔들려고 할 때마다 빛을 발해 주길 기원한다. 글을 마무리하며 12년의 지리한 학교생활을 마무리하고 수능까지 마쳤다는 사실만으로도 너란 존재는 충분히 빛난다는 말을 모든 수능 응시생들에게 전한다.

남겨진 자들

　일어나서는 안 되는 일이 일어났다. '압사', '사고', '참사', '희생' 등등 많은 단어가 눈과 귀에 켜켜이 쌓여가도 내 몸을 흐르는 슬픔을 따라 마음까지 와닿는 단어가 하나도 없었다. 그저 이번 일은 일어나서는 안 될 일이었다. 그날 이후 많은 이가 슬픔에 빠졌다. 현장에 있었던 사람도, 없었던 사람도, 말로 전해 들은 사람도 매스컴을 향해 접한 사람도 모두가 눈을 감고 기도하며 마음으로 눈물을 흘렸다. 그 눈물은 점점 커져 세상을 등진 청춘들을 뒤따랐다.

　사고가 난 새벽. 나는 아이들을 재우고 어두운 집 안에 희뿌연 거실 등을 켜놓고 가만히 앉아 있었다. 그 어떤 예감이 있었던 건 아니다. 그저 그제야 마주한 정적에 가만히 잠식되고 있었다. 그런데 한 공간에 있던 남편이 카톡을 보냈다. 영어로 뒤덮인 뉴스 기사 링크였다. 언제부터 영어 기사도 읽었대, 하는 코웃음 섞인 표정으로 누른 기사 속에 낯익은 지명이 보였다. '이태원' 그리고 숫자가 보였고, 죽음을 의미하는 death라는 단어가 보였다. 머리로는 문맥을 이해했지만, 가슴으로는 받아들이지 못하고 있는 나에게 곧이어 영상 하나가 도착했다. 사람이 사람을 살리기 위해 절박하게 몸부림을 치고 있는 모습이었다. 겁이 났다. 말로 형용할 수 없는 두려운 감정이 온 집 안을 뒤덮고 있는 정적을 타고 나를 에워쌌다.

온갖 기사와 추모의 글이 쏟아졌다. 대부분이 이번 일로 인해 고통스럽게 떠나간 젊은 생명들을 애도하고 있었다. 하지만 나의 비통한 마음은 그들보다 다른 이들에게 더 강하게 뻗어갔다. 바로 '남겨진 자들'이다. 죽은 자들을 향한 슬픔과 사후 대처에 대한 분노로 점철된 글을 몇 편 읽다 보니 자연스럽게 떠오르는 책들이 있었기 때문이다. 삼풍백화점 붕괴 시 살아남은 생존자가 쓴 《저는 삼풍 생존자입니다》와 광주민주화운동을 다룬 《소년이 온다》, 제주 4·3 사건을 다룬 《작별하지 않는다》였다. 모두가 다시는 일어나서는 안 될 일을 다루었다는 점과 그 당시 상황을 너무도 적나라하게 다뤘다는 점을 제외하고도 또 하나의 공통점이 있었다. 바로 그 비극에서 살아남은 자들, 혹은 남겨진 자들의 처참한 기록이 담겨 있다는 점이다.

남겨진 이들의 비통함은 감히 누구도 짐작하지 못할 것이다. 사랑하는 사람을 떠나보낸 지금, 이 순간의 고통이 단 한 겹도 가벼워지지 않고 끝내 그들의 뒤를 따를 때까지 자신들의 가슴을 짓밟고 찢을 것이기 때문이다. 나는 그래서 남겨진 이들이 자신의 생을 마치 형벌처럼 지고 갈 앞으로의 시간에 더 가슴이 아프다. 가장 최근에 읽은 한강 작가의 《작별하지 않는다》에는 이런 구절이 나온다. "나는 바닷고기를 안 먹어요. 그 시국 때는 흉년에다가 젖먹이까지 딸려 있으니까, 내가 안 먹어 젖이 안 나오면 새끼가 죽을 형편이니

할 수 없이 닥치는 대로 먹었지요. 하지만 살 만해진 다음부터는 이 날까지 한 점도 안 먹었습니다. 그 사람들 갯것들이 다 뜯어먹었을 거 아닙니까?" 이처럼 그들의 아픔은 지속된다.

  그 어떤 말도 행동도 위로가 되지 않을 것이지만, 그렇다고 함께 슬퍼하는 마음마저 포기할 수 없기에 무엇이 남겨진 이들을 진정으로 위할 수 있는 애도인지, 그런 애도가 있다면 내가 할 수 있는지 생각해 본다. 내 옷에 매달려 아무 힘없이 바람이 불면 흔들리고, 해가 비치면 눈치 없이 반짝이는 검은 리본이, 너도나도 쉴 새 없이 남발하는 추모의 해시태그가, 여기저기서 시끄럽게 떠들어대는 논란의 말소리들이 과연 진정 고통 속에 내던져진 이들을 위한 것일까. 답답한 마음에 올려다본 하늘에는 자신들로 인해 더 이상 남겨진 이들이 고통받지 않기를 바라는 마음이 여기저기서 흩날린다. 하지만 그들은 아무 소리도 내지 않는다. 그들을 위해 우리도 이제 아무 소리도 내지 않아야 할 때는 아닐까.

기도

 얼굴이 눈물범벅이 된 상태로 잠에서 깼다. 간밤에 자면서 인지하지도 못한 채 얼마나 울었는지 머리를 뉘었던 베개의 양옆은 흥건히 젖어 있었다. 하지만 더 놀라웠던 건 거울에 비친 내 얼굴이었다. 밤새도록 눈물에 푹 젖어 있으면서 눈이 퉁퉁 붓는 바람에 쌍꺼풀이 마치 수술을 한 듯 두 배로 커져 있었고, 눈동자는 빨갛게 충혈되어 있었다. 이게 무슨 일인가 싶어 기억을 되짚어 보았다. 예상치 못하게 일어난 이 모든 일의 이유는 바로 꿈이었다. 꿈속에서 나는 지진이 일어난 지역 한가운데 서서, 땅이 내려앉고 건물이 무너지는 걸 보며 이 사실을 당장 우리 엄마한테 알려야 한다고 필사적으로 뛰고 있었다. 그리고 울부짖고 있었다. 무서움을 넘어선 극한의 공포에 휩싸인 채 그저 앞으로 계속해서 발을 디뎠지만, 내가 디디는 곳마다 기다렸다는 듯이 모든 것이 무너져 내렸다. 갑자기 생생하게 되살아난 꿈 때문에 하마터면 눈물이 또다시 흐를 뻔했다.

 부끄럽지만 나는 이제껏 국내외 이슈에 눈을 감고 귀를 닫고 살았다. 일부러 그런 것은 아니었다. 뉴스를 잘 보지 않고, 신문을 잘 읽지 않는 삶의 패턴 속에서 자연스럽게 굳어진 현상이었다. 그런 나에게 변화가 일어난 건 바로 출근길에 라디오를 듣기 시작하면서였다. 우연한 기회로 한 라디오 프로그램을 애청하게 되었는데, 방송 중에 꼭 5분씩 뉴스가 나왔다. 소위 '뉴스'라는 것이 듣기에 기분 좋은 소식보다는 화가 나거나 안타까운 일들을 많이 전해 주기에 5분 동안 라디오를 꺼볼까 고민했지만, 잠깐이니까 세상 돌아가는 이야기를 듣는 것도 나쁘지 않겠다는 마음이 왠지 더 크게 들었다. 그렇게 뉴스를 듣기 시작한 지 얼마 지나지 않아 충격적인 소식을 듣게 되었다. 바로 '시리아 지진'에 관한 보도였다.

지진 초기였지만 워낙 강진이어서 사망자가 이미 7천 명에 달한다는 소식을 듣고는 가슴이 철렁 내려앉았다. 그러나 그때만 해도 7천 명이라는 숫자가 엄청나게 비극적인 숫자가 아니라 기적의 숫자라는 걸 알지 못했다. 다음 날 뉴스에서는 사망자가 만 명에 이른다고 했고, 며칠이 지나서는 2만 명, 그리고 지금은 4만 명이 넘었다는 소식을 포털사이트만 들어가도 쉽게 확인할 수 있다. 그런데 숫자가 너무 기하급수적으로 늘어나서였을까, 되레 4만 명이라는 숫자가 7천 명 소식을 처음 들었을 때보다 충격이 덜했다. 마치 믿을 수 없는 어떤 소식을 들었을 때 사람이 잠시 넋을 놓고 멍해지는 그런 느낌이랄까. 그렇게 시리아 지진은 너무도 슬프고 안타까운 이웃 나라의 재앙이지만, 내 삶에서는 멀어져갔다.

하지만 앞서 말한 꿈을 꾸고 난 후, 조금씩 감각이 되살아나기 시작했다. 누군가 시리아 지진에 대해 말만 꺼내도 마음이 울컥했다.

'나는 하룻밤 사이 꿈을 꾸었을 뿐인데도 몸과 마음이 반응하여 밤새 눈물을 흘렸는데, 그 참혹한 실제 현장에 있는 사람들의 고통은 얼마나 클까, 감히 누가 가늠할 수 있을까, 그 비참함을.' 하는 생각이 들었기 때문이다. 무엇보다도 두 아이를 키우는 엄마 입장에서 나는 이번 지진으로 피어 보지도 못하고 져 버린 아이들을 생각하면 더더욱 가슴이 미어진다. 또한, 천운으로 살아남았지만 평생을 두고 이 지진을 트라우마처럼 지고 가야 할 어린 생명들에게 말로 형용할 수 없는 큰 안타까움을 느낀다.

시간이 흐르면 지진으로 인한 피해는 서서히 복구될 것이고, 지진의 잔해 또한 역사 속으로 묻힐 것이다. 하지만 누군가는 맥없이 스러져 갈 수밖에 없었던 수많은 별을 위해 오래오래 기도해 주길 소망한다. 오늘 밤, 까만 하늘에 애처롭게 떠 있는 별 하나를 보며 나도 두 손을 모아본다.

과유불급

언젠가 남편이 지나가는 말로 물은 적이 있다.

"이번 장마는 비가 거의 오지 않거나 엄청나게 쏟아지거나 둘 중 하나라는데 어떨 것 같아?"

시원한 비가 간절했던 엄청난 폭염이 이어지고 있었기에 본능적으로 비가 확 쏟아지면 좋겠다고 대답했었다. 하지만 시간을 되돌려 말을 주워 담을 수 있다면 한 치의 망설임 없이 시곗바늘을 거꾸로 돌리리라. 장난이라도 비가 쏟아졌으면 좋겠다는 말은 하지 않으리라. 이제는 의미 없는 혼잣말을 먹구름으로 시커먼 하늘을 보며 중얼거려 본다.

이런 자연재해가 발생하면 나는 인간이란 존재가 얼마나 하찮고 작은 존재인가에 대해서 새삼 절감한다. 늘 인간이 지구를 지배하는 듯, 돈이 세상을 통제하듯, 혹은 권력이 모든 것을 손아귀에 쥐여줄 것처럼 오만하게 살아 봤자 그 어떤 것도 예상하지 못하고 예상한 들 막아내지 못하는 인간의 한계를 통해 결국 우리의 존재 가치가 그리 크지 않을 수 있다는 것을 절절히 체감하는 것이다.

쉴 새 없이 재난 문자가 온다. 간밤에 자고 일어났더니 무려 10개의 재난 문자가 핸드폰을 점령하고 있었다. 하천 주변에 가지 말라, 바깥출입을 자제하라, 산사태가 일어날 수 있으니 산 근처에도 가지 말라 등등 모든 말을 합쳐 보면 결국 하나의 의미로 다 통한다. 집 밖에 나가지 말라는 것이다. 하지만 인생사가 어찌 그렇게 딱 멈추고 싶다고 멈춰질까. 그래서 늘 재난 문자 끝에는 비보가 쏟아진다. 처음에는 사람이 가장 밀집된 어느 도시에서 몇 명이 실종되고 사망했다는 소식이 전해지더니, 점점 거리를 좁혀 이제 내가 살고 있는 동네 옆 하천이 범람해 시신이 발견되었다는 가슴 철렁하는 뉴스도 끊임없이 몰아친다.

제발 인제 그만 내리라고, 도대체 인간이 어디까지 망가져야 그만할 거냐고 하늘을 원망하다 문득 손끝이 저릿했다. '이 비가 그쳐도 셀 수 없이 많은 이들의 눈에서는 얼마나 오래도록 눈물이 흘러넘칠까. 한순간에 유족이 되거나, 실종자의 남은 가족이 되거나, 삶의 터전이 무너져 내려 길바닥에 나앉아야 하거나, 삶의 전부였던 작물, 축산들을 모두 잃어버린 사람들의 슬픔을 어찌해야 할까.' 하는 생각이 들어서이다. 그럼에도 이번 주까지 예보되어 있는 비가 이제는 서서히 그쳐주길 소망한다. 이미 가득한 슬픔에 더 이상 또 다른 절망과 아픔이 쌓여서는 안 되지 않겠는가.

이 글을 쓰다 가만히 창밖을 바라보았다. 여전히 캄캄한 하늘에선 계속해서 비가 내리고 있다. 풋풋했던 대학생 때는 비가 오면 창이 넓은 카페에 가서 따뜻한 커피를 앞에 두고 빗소리를 듣는 것이 하나의 낙이었다. 하지만 그 시기가 지나 결혼하니 비 오는 날은 운전이 무서운 날로, 아이들이 태어나니 안전이 위협받는 날로, 이제는 매해 여름이 그 자체로 두려워지려고 한다. 결국 모든 것은 과유불급이다. 늘 장마는 있었지만 해가 지날수록 더더욱 많아지는 강수량에 장마가 아닌 재해가 돼 가고 있는 느낌이다. 어쩌다 여기까지 오게 된 것일까. 누군가의 말처럼 재해가 일상이 되어가고 있는 걸까. 눈앞이 캄캄해진다. 그럼에도 두 손을 모아본다. 더 이상 희생자가 생기지 않기를 바라는 간절한 마음으로.

하늘에도 땅에도 닫지 못하고

　퇴근길, 빨간불에 멈춰 선 차 안에서 문득 고개를 들었다. 파란 하늘을 보고 싶었던 소망과는 달리 눈에 들어온 건 현수막 한 장. 출산을 장려하는 문구가 눈에 확 들어오는 원색으로 위풍당당하게 적혀 있었다. 그리고 그곳엔 누구나 다 혹할 만한 금액도 적혀 있었다. 물론 출산이 전제가 아니었다면 말이다. 하지만 인구 절벽의 문제를 더 이상 외면할 수 없게 된 이 나라가 저렇게 절박하게 외치고 있으니, 출산을 전제로도 한번 생각해 본다. 정말로 저 정도의 지원금을 받으면 출산할 생각이 들까? 저 정책이 과연 얼마나 효과가 있을까?

　이런저런 생각을 하다 보니 생각의 꼬리가 첫째 아이를 낳고 육아 휴직을 했을 당시 받았던 육아 휴직 수당까지 이어졌다. 지금 생각해도 헛웃음이 나올 정도로 터무니없던 금액. 정말 한 달 기저귀, 분유만 사면 통장이 텅장이 되는 마법을 일으켰던 그때 그 당시 육아 휴직 수당 제도. 그 시절을 생각하니 만약 저 제도가 지금이 아닌 그 시절에 시행되었다면 조금 더 기쁘고 안심되는 마음으로 둘째를 낳았을 것 같다. 하지만 지금은 아니다. 벌써 두 아이의 엄마이자, 둘째 아이가 크는 것이 하루하루 아쉬운 나조차도 현재 정부에서 제시한 지원금의 두 배를 준다고 해도 더 이상의 출산은 엄두가 안 나는데, 더 젊은 소위 MZ세대라고 불리는 세대가 과연 설득될까. 그저 한숨이다.

　차를 주차하고 나니 이번에는 휴대전화를 통해 충격적인 뉴스가 눈에 들어온다. 누구보다 화려하고 사람들의 주목을 받던 한 아이돌 멤버의 자살 소식이다. 사실 유명인의 자살은 잊을 만하면 들려오는 비보이지만 팬스레 마음이 더 울컥했던 이유는 고인의 나이 때문이었다. 채 서른 살을 살지 못한 스물 몇 살의 젊은 청년. 이십 몇 년을 살면서 어찌 인생이 녹록했겠냐마는 그래도 삶을 포기할 정도로 그를 벼랑 끝으로 몰고 간 건 대체 무엇이었을까.

　그리 오래 걸리지도 않는 퇴근 시간이 모순된 두 외침으로 얼룩져 기분이 우울했다. 한쪽에서는 젊은 생명이 너무도 허무하게 하늘에 별이 되는데 다른 한쪽에서는 아직은 잘 버티고 있는 또 다른 젊은 이들에게 돈 줄 테니까 애 낳으라고 외치고 있는 이 현실. 뭔가 잘 못되어도 크게 잘못되었다. 우리 청년들이 너무도 짠하고 안타깝다. 당연히 임신하고 출산하면 돈이 필요하다. 그것도 생각보다 많이 필요하다. 그래서 이 나라에서 거국적으로 지원해 준다고 결정을 내린 건 잘못된 것이 아니다. 하지만 그 우선순위가 돈이 된다면 얘기가 달라진다.

　돈이 아니라 이 나라는 청년들을 살펴야 한다. 하루하루가 살얼음 같아 항상 불안감과 초조함에 벌벌 떨며 자신들이 딛고 있는 땅에서도 제 발로 제대로 살지 못하고, 그중에 일부는 결국 쌓여가는 좌절감을 이기지 못해 제 스스로 하늘길을 선택한 불쌍한 젊음들. 저승에서나마 편히 쉬었으면 하지만 끝내 제 목숨 제가 버린 죄로 천국에도 지옥에도 가지 못하고 구천을 떠돌 것만 같은 우리 청년들의 삶을, 마음을, 몸을 먼저 감싸줘야 한다.

청년들이 스스로 안정이 되고 이 나라에 내 피붙이를 놓고 싶은 마음이 들면 굳이 출산하면 가산점을 주고 지원금을 주고 하다못해 국가유공자까지 만들어 준다는 휘황찬란한 조건을 안 붙여도 알아서 결혼도 하고 출산도 하게 될 것이다. 여기까지 쓰고 글을 마무리하려는데 몇 년 전 아이들을 다 데리고 동반 자살한 사건이 한 기사를 통해 재조명된 것이 보인다. 이미 태어난 목숨조차 버려지고 있는데 출산을 권고하는 이 사회가 우리 아이들에게 제대로 된 삶의 터전이 될지 또 하나의 어두운 의구심이 싹튼다.

생명이 더 중요해요

　세상엔 수많은 슬픔이 존재한다. 어떤 슬픔도 경중을 가릴 수 없으며, 같은 일이라 하여도 너와 내가 느끼는 슬픔은 결코 같을 수 없다. 그런데도 나이와 성별을 불문하고 모두의 가슴을 안타깝게 하는 슬픔이 있다.

　바로 '참척(慘慽)' 자식을 앞세운 부모의 슬픔이다. 부모의 차량을 보고 반가워서 뛰어들었다가 별이 된 아이, 공사장에서 굴러 떨어진 적재물에 치여 별이 된 아이 등등 사연을 듣다 보면 절로 가슴을 치게 된다. 아직 피어 보지도 못하고 서둘러 가버린 아이들의 원통함은 어찌하며, 남은 이들이 그 뒤를 따르기 전까지 지고 가야 할 고통은 또 어떻게 해야 할지, 돌이킬 수 없는 비통한 일에 모두가 조용히 애도할 뿐이다.

　그런데 그중에서도 유독 더 마음을 무너져 내리게 하는 죽음이 있다. 바로 학교 폭력을 견디고 견디다 한계에 부딪혀 자기 생을 놓아버릴 수밖에 없었던 아이들의 죽음이다. 아이의 몸이 차갑게 식은 후에야 모든 사실을 알아버린 부모가 목청이 찢어져라, 아이의 이름을 외친들 돌이킬 수 없고, 가해자가 특정되어 다행히 합당한 벌을 받는다 해도 아이를 향한 죄책감이나 아이의 빈자리는 그 누구도 씻을 수도 채울 수도 없다.

얼마 전 학교 폭력으로 아이를 잃은 한 어머니가 TV에 나와 이런 말을 했다. "학교 그만두어도 괜찮아요. 생명이 더 중요해요." 누구나 다 아는 당연한 말이지만 그녀의 입에서 나오는 순간 글자 하나하나에 그녀의 피눈물이 고스란히 새겨져 있는 것만 같았다. 그녀는 현재까지도 학교 폭력으로 지옥의 터널을 지나고 있을 또 다른 피해자에게 저 말을 전하면서, 자신의 아이에게는 말해주지 못한 후회를 어떻게 견디고 있는 것일까. 차마 헤아릴 엄두조차 나지 않는다.

그렇게 슬픔의 눈물을 줄줄 흘리고 있는데 갑자기 이상한 소리가 들린다. "그때는 어렸어요.", "잘 기억이 안 나요.", "지금에 와서 어쩌라는 거예요.", "피해자 학생이 당하기만 한 건 아니잖아요." 등등 나도 모르게 어금니를 꽉 깨물게 하는 가해자들의 잡소리가 시작된 것이다. 단전에서부터 피어오른 분노의 열기가 정수리를 통과해 하늘까지 닿을 것만 같다. 예나 지금이나 어린이집에 다니는 서너 살 아이들에게도 부모들은 "친구를 놀리면 안 돼.", "친구를 때리면 안 돼."를 가르친다. 도대체 서너 살보다 얼마나 더 어렸으면 한 사람의 인생을 송두리째 망가트린 폭력을 행사하고도 어리다는 핑계가 나오는 것일까. 인제 와서 사과하면 자신이 그동안 쌓아온 그 어떤 것들이 무너질까 봐 그렇게 두려워하면서, 본인이 가장 잘 알고 있는 진실을 스스로 속여 가며 사는 건 부끄럽지 않은 것일까. 정말 그들의 행보 하나하나에 다 화가 나지만 더 어이가 없는 건, 마치 그들을 지원하기라도 하듯이 피해자들이 지금이라도 목소리를 내고 사과를 받으려고 할 때마다 그 앞을 가로막는 정책과 제도이다.

그래서 나는 요새 한 여성을 온 마음으로 응원한다. 학창 시절 내내 끔찍하게 학교 폭력을 당했다며 본인을 '생존자'라고 일컬은 그녀는 현재 가해자들에게 너무도 유리하게 되어있는 법 제도의 개선을 위해 자신을 내놓고 있다. 그녀의 애씀이 빛을 발해 수많은 생존자에게 하나의 희망으로 남을 수 있다면 무엇보다 좋겠지만, 그렇게 되지 않는다고 해도 그녀 또한 앞서 말한 엄마의 말을 꼭 기억했으면 좋겠다. "생명이 더 중요해요."

하늘이 이리 아름다운데, 그녀는 어디로 갔나

　남모르게 응원하던 사람이 있었다. 학교 폭력 생존자라는 표현으로 자신을 방송에서 소개해 유명해진 한 여성이다. 아는 사람은 알고 모르는 사람은 모를 이 여성을 간간히 지켜보며 응원했던 이유는 그녀가 오랜 시간 지독하게 학교 폭력을 당했음에도 이제는 그 어두운 과거에서 벗어나 당당해지고자 노력하는 모습이 감명 깊었기 때문이었다. 그런데 얼마 전 우연히 충격적인 기사를 접했다. 자신의 상처를 회복하는 것에서 그치지 않고 비슷한 상처를 흉터로 안고 사는 이들의 삶까지 감싸 안으려 부단히 노력했던 그녀가 결국 스스로 자신의 생을 끝냈다는 비보였다. 순간 미친 듯이 심장이 요동쳤다. 지인도 아니고, 친구는 더더욱 아니고, 가족도 아닌 사람이건만 아주 잠시 정신이 멍해지기도 했다. 그녀는 왜 그래야만 했을까.
　그녀의 죽음을 두고 벌써부터 이런저런 말들이 산처럼 쌓이고 있다. 아무리 정통한 사람이 사실관계를 파악한다고 해도 진실은 당사자들만 알 테고 그 중심에 있는 그녀는 이미 이 세상을 떠났기 때문에 모든 말들이 그저 소음처럼 느껴졌다. 그저 나는 궁금했다. 그녀가 아무도 막아주지 않았던 지옥 같은 학교 폭력을 견뎌내면서까지 지킨 자신의 생명을 버려가면서까지 증명하고 싶었던 건 무엇일까. 나같이 보이지 않는 곳에서 그저 지켜보며 응원하던 사람들, 혹은 자신의 이름을 내걸고 본인의 곁에서 함께 나아가던 사람들, 아니면 하다못해 가족들 중 단 한 사람의 손이라도 꼭 잡고 버틸 수는 없었을까. 정말 그럴 수는 없었을까. 왜 그렇게 외롭게 밤이 되면 한없이 서늘해지는 이 계절에 분명 시리고 시렸을 그 강물로 그녀는 굳이 뛰어 들었어야만 했을까. 안타까운 마음이 코끝을 찡하게 한다.

그녀가 자신이 운영하는 채널에 올린 마지막 영상을 봤다. 영상을 말미 부분에 그녀는 결국 말을 잇지 못하고 흐느끼기 시작한다. 흐느끼고 흐느끼다가 더 이상은 안 되겠는지 카메라를 끄는 모습으로 영상이 끝이 나는데 그걸 보며 나도 모르게 아주 깊은 한숨을 쉬었다. 그러자 자신의 방에서 숙제를 하던 딸이 물었다. "엄마 왜 그래?" 아직은 어린 딸에게 어떻게 설명을 해야 할지, 말을 해주는 게 맞는지 판단이 서지 않아 아무것도 아니라는 말로 무마하려는데 그 순간 또 한 번 심장이 쿵 내려앉았다. 그녀에게도 부모님이 있을 거라는 생각이 들었기 때문이다. 어찌 보면 인생의 꽃이라고 볼 수 있는 학창 시절을 학교 폭력의 굴레 속에서 죽지 않으려 겨우겨우 버텨 여기까지 온 나의 딸이, 결국 그것이 원인이 되어 가장 아름답게 피어날 수 있는 나이에 하늘로 갔으니 그 심정이 어떨까. 상상조차 할 수 없다.

학교 폭력의 생존자인 나는 잠시나마 나에게 위로와 응원을 주었던 그녀를 진심으로 추모한다. 또한, 살아남은 자들은 절대 알 수 없는 그녀가 도착한 그곳에 정말 '신'이 있다면 이 땅에서 그녀가 겪었던 이 모든 일에 대한 기억을 다 지워주시기를 기도한다. 학교 폭력으로 괴로웠던 기억과 그 기억을 불특정 다수 앞에서 꺼내 놓은 후 벌어진 모든 일까지 없었던 것처럼 말끔하게 치워져 그저 그녀가 다른 이들처럼 평범한 자신으로서 온전하게 존재하며 행복하길 기원한다.

그녀의 기사를 접하고 맞은 그날의 퇴근길, 회사의 문을 열고 바깥으로 나오는데 유난히 푸른 하늘이 보였다. 하늘이 가장 푸르고 아름다운 이 계절에, 꿋꿋함이 보석처럼 빛났던 그녀가 떠났다. 날이 갈수록 점점 붉고 노랗게 물들어 갈 나무들 덕에 계절은 점점 더 아름다워지겠지만 어김없이 불어올 가을바람을 맞을 때면 가슴 어느 한구석이 무척이나 시릴 것만 같다.

당장 때려치워!

누군가는 말한다. 죽음도 삶의 일부이기에 두려워하지 말고 자연스럽게 받아들이면 된다고. 하지만 나는 조금도 동의할 수가 없다. '죽음'이라는 글자와 나 자신, 혹은 내가 아는 누군가를 동시에 떠올리는 순간 급격하게 사지가 마비되는 듯한 공포가 온몸을 휘감기 때문이다.

그만큼 누군가에게 죽음은 결코 의연하게 받아들일 수 없는 일이다. 그런데 요즘 무려 죽음을 스스로 선택한 이들의 소식이 연이어 전해지면서 많은 이들의 가슴을 먹먹하게 하고 있다. 어떤 죽음도 사연이 없지 않고 그렇기에 다 안타깝고 슬프지만, 그중에서도 단연 많은 이들에게 충격을 안겨준 죽음은 아마 한 초등학교 선생님의 안타까운 선택일 것이다. 나 역시 기사를 처음 접했을 때 고인의 시신이 발견된 장소에 너무도 충격을 받았다. 게다가 그 충격이 가시기도 전에 고인의 나이를 듣게 되었고 결국 두 눈을 질끈 감아버렸다.

이제 막 교사로서 자신의 신념과 포부를 키워나가고 있던 젊은이를 누가 벼랑 끝까지 내몬 것일까. 그런데 고인을 향한 진심 어린 추모가 이루어지기도 전에 이 질문의 답을 찾겠다는 명분을 내세워 우리 사회는 서로서로 저격하며 또 한바탕 진흙탕 싸움을 하고 있다.

고인을 지켜주지 못한 우리가 고인 앞에 더 이상 부끄러워지지 않도록 나는 모두가 입을 열기 전에 한 번 더 정말 중요한 것이 무엇인지 생각하길 바란다. 물론 교권이 추락한 현실을 바꾸는 것도, 자기 자식 옹호하느라 말도 안 되는 민원을 밥 먹듯이 넣는 학부모들에게 경각심을 일깨워 주는 것도 다 중요하다.

하지만 나는 이 모든 것에 앞서 너무도 허망하게 버려지는 목숨을 구하는 것이 가장 시급하다고 생각한다. 자연재해나, 질병과 사고와 같이 인력이 미치지 못하는 죽음은 어찌할 도리가 없다 하더라도, 최소한 나이와 성별, 직업을 불문하고 스스로 자신의 삶을 포기하는 사람이 자꾸 늘어나는 건 막아야 하지 않겠는가.

우리는 흔히 학교 폭력을 학교 내외의 장소 또는 온라인상에서 학생을 대상으로 무력, 언어적 공격, 상징적·심리적 강요 및 따돌림 등 다양한 방법으로 신체적, 심리적 혹은 재산상 피해를 주는 모든 행위로 알고 있다. 하지만 나는 가끔 학생만이 피해자가 될 수 있는 이 정의가 지금의 세태를 잘 반영하고 있는지 의문이 든다. 기본적인 방어조차 가해 행위가 되어 버리는 이 현실에 나무 한 그루 없는 초원에 덩그러니 서 있는 가젤처럼 때로는 성인이기에 학교라는 공간이 더 잔혹해질 수 있는 걸 나만 아는 걸까.

　지금, 이 순간에도 학교생활이 너무 괴로워서, 직장 생활이 너무 힘들어서 죽어버리고 싶다는 생각하는 이들이 셀 수 없이 많을 것이다. 두 손 모아 간절히 제발 그들이 지옥 같은 그곳에서 죽음이 아닌 '탈출'을 생각하길 바란다. 무엇보다 당신을 위해, 그리고 당신을 사랑하는 이들을 위해 죽을 만큼 힘들다면 그 주체가 무엇이든 당장 때려치워야 한다. 그리고 살아야 한다. 반드시 살아야 한다.

권선징악이라는 하얀 거짓말

평소와 다름없이 아이들과 놀이터로 향한 날이었다. 한참을 놀다가 너무 더워 둘째 아이와 놀이터에 있는 정자에 앉아 있는데 고등학생쯤으로 보이는 남학생이 말을 걸어왔다. 고개를 돌려보니 학생의 손에는 머랭 쿠키가 담긴 귀여운 플라스틱 컵이 쥐어져 있었고, 남학생은 자신이 선물로 받았는데 너무 달아서 못 먹겠다며 혹시 아이가 좋아하면 드시겠냐고 물었다. 아이 얼굴을 보니 먹고 싶은 기색이 역력해 고맙다고 인사를 한 후 쿠키를 받아 아이에게 건넸다. 그런데 아이가 쿠키를 입에 가져가려는 순간 등골이 서늘해지는 느낌이 들었고 재빨리 쿠키를 빼앗아 쓰레기통에 버렸다. 문득 몇 달 전 세상을 발칵 뒤집어 놓은 학교 앞 마약 음료 유포 사건이 떠올랐기 때문이다. 다행히 쿠키를 건넨 남학생은 놀이터를 떠난 후였다.

이렇듯 요새 마음속에 조금씩 조금씩 쌓이는 원초적 불안감이 나의 일상생활을 서서히 잠식해 나가는 듯한 느낌을 떨쳐버릴 수가 없다. 이는 "삶을 어떻게 살아야 하는가?"와 같은 철학적인 질문에 대한 답을 찾지 못해 느껴지는 불안감이 아닌 말 그대로 내 삶과 목숨이 강하게 위협받는 듯한 본능적인 불안감이다.

대한민국은 어쩌다가 이렇게 불안한 나라가 되었을까. 불과 십몇 년 전만 해도 날이 어둑어둑해지기 시작하면 대부분의 상점이 문을 닫고 어두컴컴해지는 외국과는 달리 밤 10시든 12시든 안전하게 자신의 생활을 누릴 수 있는 '치안 강국'이었던 대한민국이 말이다. 그런데 이 불안감이 '솜방망이 처벌'이라는 양분을 꼬박꼬박 먹어가며 멈출 줄 모르고 쑥쑥 크고 있다는 게 더 심각한 문제다. 이미 피해자는 육체적으로나 정신적으로나 무너질 대로 무너졌는데, 피의자들은 이런저런 이유로 감형을 받고 그것도 모자라 보석금을 내고 나오거나 모범수라는 탈을 뒤집어쓰고 가석방이 되기도 한다. 이게 도대체 말이나 되는 것일까. 게다가 더 참을 수 없는 건 어떤 끔찍한 사건이 일어나도 여론을 통해 공론화가 되지 않으면 그냥 흐지부지 넘어가는 경우가 존재한다는 것이다. 도대체 이 사회의 모습을 나는 어떻게 받아들이고 이해해야 하는 것일까. 절망적이다.

이러한 절망은 아이들을 바라볼 때 더 선명해진다. 하루는 아이에게 '권선징악'을 주제로 한 유명한 명작동화를 읽어준 적이 있다. 평소 같으면 아이에게 "나쁜 행동 하면 나중에 벌 받아."라고 말해주었을 텐데, 이런저런 흉악한 사건의 가해자들이 엄청난 돈을 주고 대형 로펌 변호사를 선임해서 형이 생각보다 적게 나올 것 같다는 예측 기사를 본 후여서 그런지, 차마 입이 부끄러움을 깨닫고 떨어지지 않았다. 어느새 하얀 거짓말이 되어버린 권선징악을 가르치느니 차라리 '각자도생(각자가 스스로 제 살길을 찾는다.)'을 가르치는 게 더 현실적이지 않나, 하는 씁쓸한 마음마저 들었다.

그런데도 여전히 나는 지푸라기라도 잡는 심정으로 희망한다. 아직 살아가야 할 날이 너무 많이 남은 우리와 이제 겨우 삶이라는 긴 여정의 출발선을 넘어가려는 어린 생명들을 위해, 이 나라에서 모든 범죄를 막아줄 수 없다면 최소한 범죄에 걸맞은 벌이라도 내려줄 수 있기를. 이제 남은 최소한의 방어선은 그것뿐이니.

| 에필로그 |

  이제는 제법 초등학생 티가 나는 첫째 아이는 유아 시절 한 걱정이었던 편식하는 습관을 조금씩 벗어나고 있지만, 여전히 어딜 가나 귀엽다는 말을 독차지할 정도로 어린 둘째 아이는 어려서부터 지금까지 늘 먹는 음식만 잘 먹는 습관을 버리지 못했습니다. 그러던 어느 날, 누나가 방울토마토를 맛있게 먹는 모습을 너무도 흐뭇하게 바라보는 엄마의 눈빛이 부러웠던 둘째는 결심한 듯 이런 말을 꺼냈습니다. "엄마, 나도 토마토 먹을 수 있어. 달달한 토마토." 처음에는 제가 어렸을 때 그랬듯 토마토에 설탕을 뿌리면 먹을 수 있다는 말로 알아듣고는 아들에게 이렇게 말을 했습니다. "설탕을 뿌려 먹을 거 같으면 안 먹는 게 나아." 그런데 아들은 설탕을 뿌린 게 아니라면서 원래 단맛이 나는 토마토가 있다며 열변을 토했습니다. 그제야 알았습니다. 아들이 말한 토마토가 스테비아 토마토라는 사실을. 먹어 봐야 얼마나 먹겠어라는 마음이 불쑥 튀어나왔지만 그래도 아이가 새로운 음식에 도전했으면 하는 마음이 더 오래 되었기에 큰맘 먹고 주문한 토마토가 도착한 날. 작정한 듯 아들은 거의 반 팩에 달하는 스테비아 토마토를 다 먹고는 의기양양한 표

정으로 저를 쳐다보며 이렇게 말했습니다.

"토마토에 설탕을 뿌리면 더 맛있을 것 같아."

응? 귀를 의심했습니다. 잘못 샀나 싶어서 하나를 입에 넣는 순간 미간을 찌푸리게 하는 스테비아 특유의 인위적인 단맛이 입안 가득 퍼지기에 진짜 여기다가 설탕을 뿌리고 싶냐고 되물었더니 아들의 답은 한결같았습니다. 방울토마토를 반으로 잘라 설탕을 묻혀 먹으면 좋겠다고. 어이가 없어 아들의 얼굴을 한참 바라보다 문득 이런 생각이 들었습니다. 처음 글을 쓰기 시작했을 때는 그저 쓴다는 행위만으로 행복했는데, 어느 순간 책을 내고 싶다는 소망을 가지게 되었고, 이제는 이 책이 세상 밖으로 나가 그 누구라도 좋으니 단 한 명이라도 위안을 받거나 공감을 해주면 좋겠다는 지점에까지 이른 제 모습이 달달한 스테비아 토마토를 쥐고도 설탕을 바라는 아들의 모습과 비슷하지 않은가, 하는 생각이요.

하지만 어쩌면 욕심으로 비칠 수 있는 이 소망을 놓치지 않고 싶습니다. 아들에게 설탕은 '충치'의 원인이 될 뿐이지만, 저에겐 이 바람이 앞으로도 쓰는 사람으로 살 수 있는 가장 귀한 원동력이 될 테니까요. 그리고 그 한 사람이 지금 이 글을 읽고 있는 당신이었으면 좋겠습니다.

가만히 있어도 송글송글 땀이 맺히는 여름날

반지아